ET VOUS M'AVEZ ACCUEILLI

Guy Aurenche
avec
Saint-Merry Hors-les-Murs

Et vous m'avez accueilli

CONTRIBUTIONS
POUR UNE ÉGLISE VIVANTE

Jesús Asurmendi, Guy Aurenche, Laurent Baudoin,
Ignace Berten, Nicolas de Bremond d'Ars,
Agnès Charlemagne, Alain Durand, François Euvé,
Jean-Baptiste de Foucauld, Antoine Guggenheim,
Elena Lasida, Danielle Mérian, Michel Micheau,
Jean-François Petit, Claude Plettner, Albert Rouet,
Jean de Savigny, Jean-Claude Thomas, Paule Zellitch

SALVATOR

Yves Briend Éditeur, SA
103 rue Notre-Dame-des-Champs F-75006 Paris
www.editions-salvator.com
contact@editions-salvator.com

Maquette intérieure : Atlant'Communication
Maquette couverture : Le Petit Atelier

ISBN : 978-2-7067-2151-9

Introduction

Faire Église autrement : le Centre pastoral Saint-Merry, une mission d'Église

PAR GUY AURENCHE[1]

Tout commence par un appel

« Oui au maintien d'un Centre pastoral à Saint-Merry ! »

L'archevêque de Paris, Mgr Michel Aupetit, a annoncé le 7 février sa décision de « mettre fin, à la date du 1er mars 2021, à la mission confiée par le cardinal Marty en 1975 au centre pastoral Saint-Merry ». Cette mission était de créer un lieu « d'expérimentation » pour témoigner de l'Évangile et pour « inventer des modes nouveaux pour l'Église de demain ».

Les milliers de personnes venues de toute la région parisienne et d'ailleurs, qui ont apprécié ce lieu unique dans l'Église de Paris – né dans le sillage du concile – expriment leur étonnement face à la brutalité d'une telle décision, prise sans aucune concertation.

Alors que l'Église mène une réflexion sur la synodalité, encourageant la participation, et que le pape François invite à aller aux périphéries, une telle décision est déconcertante. Depuis plus de quarante-cinq ans, le centre pastoral propose

1. Guy Aurenche est avocat honoraire, ancien président de l'Action des chrétiens pour l'abolition de la torture (ACAT) et du Comité contre la faim et pour le développement (CCFD-Terre solidaire). Il est membre du Centre pastoral Saint-Merry.

aux Franciliens, en particulier à ceux qui sont éloignés de l'Église, un lieu d'accueil inconditionnel, de convivialité, de solidarité et de prière. Les témoignages se comptent par milliers bien au-delà des frontières françaises.

L'annonce de l'Évangile ne peut-elle emprunter des voies nouvelles ? C'est là précisément que réside l'enjeu.

« Nous soussignés… disons notre attachement au Centre pastoral Saint-Merry qui est à Paris. Nous demandons qu'il puisse poursuivre sa mission et qu'un dialogue s'instaure immédiatement pour qu'un tel visage d'Église puisse demeurer. »

Donne-moi à boire !

La communauté de Saint-Merry, meurtrie par sa disparition provoquée par un geste autoritaire et non justifié, avait lancé un appel au secours : « Demandez le maintien du centre pastoral. » J'aime les rencontres qui commencent humblement par une demande exprimant à la fois faiblesse et attente. Dans sa rencontre avec une femme samaritaine (cf. Jn 4), Jésus ne commence pas par un sermon, ni par l'explication de ce qu'il faut croire. Il est en demande. Il lui dit : « Donne-moi à boire ! »

Il est vrai que Jésus est fatigué. Cette demande fait l'effet d'une bombe. La femme est stupéfaite. Elle suffoque presque : « Comment pouvez-vous demander à boire à une Samaritaine comme moi ? » Cette réaction d'étonnement est suivie d'un stupéfiant dialogue qui, lui-même, débouche sur la création de rien moins qu'une communauté, une Église : « Dans cette ville, beaucoup de Samaritains crurent à cause de la femme. » Une Église est née !

Au commencement est l'écoute

Le centre pastoral exprimait bien le même geste de demande lorsqu'il proposa, en février 2021, un « appel à signatures ».

Nous appelions au secours en demandant une signature, nous en avons reçu plus de douze mille. Nous sollicitions un engagement et nous avons reçu plusieurs centaines de témoignages, messages de vie et d'espérance, échos de tristesse ou de joie, de foi ou de tâtonnement, évoquant la présence ou le désir de Jésus. Par des formules bien construites ou par l'évocation de souvenirs, par des cris de désespoir, ces témoignages deviennent autant de rendez-vous d'humanité à partir desquels les membres de l'Église peuvent construire une véritable pastorale. Faire et refaire Église commence par le désir d'écouter ceux avec lesquels nous avons une Bonne Nouvelle à partager. Toute communauté d'Église commence par l'écoute.

Sans doute, d'une manière plus générale, le récit biblique est-il le mémorial vivant du Père écoutant l'humanité depuis toujours parce qu'Il est totalement animé d'un désir d'alliance. L'écoute n'est pas seulement un bon moyen de communication, une recette pour vivre ensemble, un bon mécanisme d'animation, elle devient le lieu même où celui que Jésus nomme Père se donne à voir, à découvrir.

« Les joies et les tristesses des hommes de ce temps… »

L'ouverture des portes de l'Église au monde d'aujourd'hui est source de naissance et de renaissance. Encore faudrait-il que l'Église ne souligne pas d'abord la nocivité, la décadence ou l'immoralité du monde. Comme me disait l'une de nos petites filles que j'avais grondée : « Arrête de me regarder avec ta tête ! »

Oui, l'ouverture, tout spécialement aux personnes fragilisées de bien des manières par la société contemporaine, est un rendez-vous incontournable pour l'Église.

> Les joies et les espoirs, les tristesses et les angoisses des hommes de ce temps, des pauvres surtout et de tous ceux qui souffrent, sont aussi les joies et les espoirs, les tristesses et les

> angoisses des disciples du Christ, et il n'est rien de vraiment humain qui ne trouve écho dans leur cœur. La communauté des chrétiens se reconnaît donc réellement et intimement solidaire du genre humain et de son histoire[1].

Près de soixante ans après cette déclaration, le pape François ne cesse d'inviter l'Église à ne pas s'installer, à partir « aux périphéries ». Il la rêve davantage comme un « hôpital de campagne » qu'une belle société satisfaite d'elle-même ou vivant dans le luxe de ses vérités ou de ses richesses. « Nous mettre à l'écoute de ce temps est un exercice de fidélité auquel nous ne pouvons pas nous soustraire[2]. »

Dans la vie personnelle, faire le choix de la rencontre, c'est prendre un risque. Il en est de même dans la vie communautaire. En effet, les rencontres sont parfois étonnantes avec des lépreux, des prostituées, des tricheurs, des traîtres, des hésitants.

Dans l'Évangile, comme d'une manière générale dans le récit biblique, les rencontres sont nombreuses. Elles sont même un élément déterminant de l'annonce de la parole de Dieu. « L'Église doit cheminer avec toute l'humanité, en tendant l'oreille aux cris des pauvres, en se réformant elle-même ainsi que son action, avant tout en écoutant la voix des humbles qui furent au centre du ministère public de Jésus[3]. »

Une rencontre qui donne la vie

C'est un peu ce que, pendant plus de quarante-cinq ans, le centre pastoral a tenté de vivre, comme cela lui était demandé lors de sa création : aller à la rencontre de la société

1. Concile Vatican II, constitution pastorale *Gaudium et spes* sur l'Église dans le monde de ce temps (7 décembre 1965), Téqui, Paris, 2018.
2. Pape François, discours à l'Action catholique italienne, 30 avril 2021.
3. Michael Czerny, « Vers une Église synodale », *Études*, mars 2021.

contemporaine avec ses contradictions, ses limites, ses hésitations mais aussi ses richesses[1].

Le détour par la rencontre n'est pas facultatif. Le centre pastoral l'a exprimé en parlant d'une pastorale « d'accueil inconditionnel ». En ouvrant ses portes aux personnes marginalisées, ou s'estimant elles-mêmes en marge de l'Église : des groupes d'étrangers réfugiés à Paris, des exclus lors de la création des Restos du cœur, des personnes qui ne sont qualifiées que par ce qui leur manque : « sans » travail, papiers, domicile, droit, etc. Accueil aussi des personnes estimant ne plus avoir leur place dans l'Église du fait de leur situation matrimoniale, leur orientation sexuelle, d'une rupture avec le sacerdoce presbytéral, et bien d'autres causes. Non une rencontre protocolaire, obligée, condescendante, mais une attitude d'écoute fraternelle qui fait partie intégrante de l'annonce de l'Évangile.

Je ne peux oublier le témoignage partagé le 14 février 2021, juste après la décision de l'arrêt de la mission confiée au centre pastoral. Nous venions d'entendre le récit de la rencontre entre un lépreux et Jésus. Un homme, jeune, se présenta comme homosexuel. Il ajouta :

> Il y a plus de dix ans je m'estimais lépreux et je n'osais pas entrer dans l'église. Puis, j'ai partagé la vie du centre pastoral. Alors, peu à peu, je ne me suis plus senti lépreux. J'avais pu moi aussi rencontrer Jésus, le Christ, celui qui tend la main, qui ose approcher, même un lépreux. Mais ce matin, après la décision de fermeture du centre pastoral, je me sens à nouveau lépreux !

C'est à moi que vous l'avez fait

L'accueil inconditionnel n'est pas seulement une gentillesse fraternelle passagère lorsqu'on le fait résonner avec la

1. Cf. annexe « Brève histoire du Centre pastoral Saint-Merry ».

parole de Jésus : « Chaque fois que vous l'avez fait à l'un de ces plus petits de mes frères, c'est à moi que vous l'avez fait » (Mt 25, 40). Le lépreux accueilli nous conduisait lui-même vers Jésus, bien présent à la table du partage de sa vie. Plusieurs témoignages racontent une telle aventure. Nous les recevons comme un cadeau stimulant et exigeant sur la route de la construction de l'Église. Voici qu'elle se fait servante, non pour répondre à une exigence moralisatrice, mais pour tenter d'accueillir la présence du Seigneur.

Ces témoignages décrivent d'une manière vivante comment, pendant plusieurs décennies, cette priorité donnée à la rencontre a effectivement vivifié le centre pastoral. Beaucoup plus encore. Ils racontent la remise debout de personnes qui mirent leurs pas dans ceux de Jésus et accueillirent ses propositions de bonheur, nous entraînant vers lui. Il est parfois reproché au centre pastoral son peu de fécondité quant à l'absence de jeunes ou à la naissance de vocations de prêtres. Cela serait à vérifier. De toute façon, sa fécondité se traduit aussi par des redémarrages dans la vie, des reprises de contact avec l'Église et avec l'Évangile. Cette mise en mouvement, ces déplacements, ont été rendus possibles par la vie du centre pastoral et la forme nouvelle d'animation et de célébration qu'il a su adopter. Avec ces personnes accueillies, nous avons osé célébrer le grand repas au cours duquel Jésus se « donne » aux siens et les invite au service.

Invités au grand repas

Comment rendre cette invitation compréhensible par les oreilles et les cœurs de ceux auxquels elle est destinée ? Là encore, rien à voir avec le relativisme ni avec la capitulation de l'Église au profit du discours ambiant. Il s'agit seulement de cohérence. Comment une communauté peut-elle prétendre accueillir et inviter si son langage exige de l'accueilli qu'il répète des formules incompréhensibles, ou qu'il accepte des pratiques totalement coupées de sa réalité ordinaire ? Transmettre une nouvelle, et encore plus une Bonne Nouvelle, impose d'être compris des interlocuteurs invités.

Les témoignages parlent souvent de l'inventivité et de l'originalité du centre pastoral qui leur ont permis d'accéder à la parole de Dieu et au partage de sa présence. Oui, l'innovation dérange. Il ne s'agit pas de supprimer toutes les règles et encore moins la Tradition, mais de permettre à celui qui vient d'ailleurs de comprendre ce qui lui est proposé. Alors la communauté doit s'interroger sur le sens des formules toutes faites. Avec l'Église entière, elle approfondit l'essence du message partagé pour ne pas en perdre la sève ni le fondement. Elle procède ensuite à une adaptation qui permettra la compréhension par ceux qui sont invités. Ainsi depuis des décennies, chaque lundi soir toute personne pouvait venir préparer l'animation de la messe du dimanche suivant. Ainsi également chacun pouvait intervenir avec ses mots, ses joies et ses tristesses, en « célébrant » avec le prêtre qui se met au service de la communauté et la rassemble, sans lui confisquer la parole ni les gestes.

Coresponsabilité ?

Ce même esprit de service inspire une ecclésiologie de communion et non d'autorité pyramidale. Plusieurs articles reviendront sur cette différence.

La tension entre ces deux modèles d'Église a toujours existé dans l'histoire. Au cours du concile Vatican II, le tiraillement s'est une fois de plus manifesté, mais c'est bien l'ecclésiologie de communion qui l'a emporté et qui est aujourd'hui recommandée par le pape François.

Recevoir l'Église comme Peuple de Dieu doit se traduire dans la manière dont s'organisent les relations en son sein ainsi que dans les mécanismes d'animation et de prise de décision de cette communauté.

Ce qui frappe dans ces tranches de vie partagées par les témoignages, c'est leur appel au réalisme, aux exigences qu'impose la priorité donnée à l'écoute et à l'accueil. Les auteurs des témoignages demandent, et d'une certaine manière exigent de nous et de l'Église, d'être toujours davantage ouverts à la coresponsabilité.

C'est bien au moment de la prise de décision que les difficultés se présentent. Au centre pastoral, une équipe, dont les membres furent élus pour deux ou trois années, se retrouvait chaque semaine avec un ou plusieurs prêtres dont l'un avait reçu de l'évêque la mission « d'accompagner » la communauté. Toute l'équipe vivait la coresponsabilité. Mais le rendez-vous du désaccord ou de la conciliation des approches contradictoires impose d'être au clair sur plusieurs questions fondamentales : si l'Église est don, comment l'accueille-t-on ? Si toute mission doit être reçue par la communauté, comment celle-ci participe-t-elle à l'élaboration du projet ?

Le temps du discernement

L'épreuve vécue par le Centre pastoral Saint-Merry est aussi un temps pour revisiter ses pratiques et les ajuster au projet annoncé. Les lignes qui suivent ne prétendent pas démontrer que le centre pastoral fut un modèle ecclésial. Du projet annoncé à la réalité, il y a souvent un grand fossé. Il est dur de tenir les engagements dans la durée. À côté d'un accueil véritable, l'entre-soi surgit et rassure. Au cœur de la dénonciation des dangers de l'autorité, les prises de pouvoir par des individus ou des groupes sont fréquentes. La priorité accordée à la fraternelle bienveillance n'a pas toujours évité les qualificatifs blessants, ni les interpellations déstabilisantes pour ceux qui les reçoivent. Tout en prêchant l'innovation et l'accueil de la nouveauté, l'installation dans un certain modèle porté aux nues est réelle. Tout en affirmant le primat de l'écoute des évolutions sociales ou ecclésiales, l'accueil de nouveaux visages de l'Église ne fut pas toujours au rendez-vous, surtout lorsque ceux-ci prenaient des traits déplaisant à un groupe trop sûr de lui-même.

Une communauté bien humaine en quelque sorte ! Certes appelée à la sainteté, mais parfois victime de ses contradictions et de ses limites. Non pas une communauté méchante, mais un groupe où des manques de charité ont pu se produire. Un troupeau de brebis parfois turbulentes, impatientes, rebelles aussi, comme le fut souvent le peuple hébreu dans sa traversée du désert.

Synodalité

À propos des rôles dévolus à chaque acteur « selon son charisme », comment porter ensemble la mission et préciser le service spécifique confié au prêtre ? Celui-ci se voit-il reconnaître une autorité particulière pour imposer son point de vue en cas de désaccord irréconciliable ? Si oui, pour quelles raisons ? Que vient faire le « sacré » là-dedans ? Si non comment régler un conflit risquant de paralyser toute la communauté ? Il ne s'agit pas de cléricaliser les laïcs. L'image du peuple en marche est riche. Le peuple avec toute sa diversité, son organisation et la répartition des tâches. En marche, c'est-à-dire tourné non sur lui-même mais vers un horizon qui le dépasse, l'appelle et le réconforte. En s'adressant aux laïcs, le pape François précise : « Votre contribution la plus précieuse peut venir, une fois de plus, de votre laïcité qui est un antidote à l'autoréférentialité. Faire synode, ce n'est pas se regarder dans un miroir, mais marcher ensemble[1]. »

Les mots de coresponsabilité entre laïcs et prêtres, de collégialité entre les évêques, de synodalité rassemblant l'ensemble

1. Pape François, discours à l'Action catholique italienne, 30 avril 2021.

du peuple de Dieu, prennent tout leur sens. La synodalité est alors « un trait fondamental de l'identité ecclésiale : sa dimension principale de communion, sa mission essentielle d'évangélisation sous la conduite de l'Esprit Saint[1] ». Pour le pape François :

> Cheminer ensemble est la voie constitutive de l'Église : la qualité qui nous permet d'interpréter la réalité avec les yeux et le cœur de Dieu, la condition pour suivre le Seigneur Jésus et être serviteurs de la vie en ces temps blessés. Le souffle et le chemin synodaux nous révèlent ce que nous sommes et le dynamisme de communion qui anime nos décisions[2]. » Le pape précise : « Le chemin de la synodalité est justement celui que Dieu attend de l'Église du troisième millénaire[3].

Par la mise en avant du principe de coresponsabilité entre prêtres et laïcs, les témoignages soulignent combien le visage de cette Église doit être divers si elle veut être à l'écoute, en accueil, et finalement en position de rencontre.

Par leur diversité, leur profondeur, les témoignages que vous lirez expriment bien l'un des visages de la synodalité. Ils ne la résument pas à eux seuls. Ils ne visent pas à imposer un modèle unique pour l'Église. Ils y participent pleinement. Une belle fécondité ! Il a été proposé à quelques amis de réfléchir autour des attentes qu'expriment ces paroles, non pour tout expliquer mais pour que chacun, ayant bu à la parole d'un autre, puisse à son tour se mettre en route, parler et faire Église.

---

1. Michael Czerny, « Vers une Église synodale », art. cit.
2. Pape François, discours du 22 mai 2017 devant la Conférence épiscopale italienne.
3. Pape François, discours du 17 octobre 2015, pour la commémoration du cinquantième anniversaire de l'institution du Synode des évêques.

PREMIÈRE PARTIE

UNE EXPÉRIENCE DE CORESPONSABILITÉ

Se voir toutes les semaines, prêtres et équipe pastorale, permettait l'exercice réel de cette coresponsabilité ; nous prenions aussi le temps de rire ensemble, de prier ensemble, de manger ensemble, d'étudier des bouquins de pastorale ou de sociologie de l'Église ensemble, de nous connaître amicalement et fraternellement, pour que la cogestion, exercice toujours périlleux, puisse fonctionner dans la franchise et le respect.

Blandine A.

Le Centre pastoral s'est élaboré au fil des années car il reposait sur l'intuition nouvelle d'une coresponsabilité prêtres/laïcs « pour l'annonce de l'Évangile, par notre façon de vivre, là où nous sommes habituellement, avec de plus en plus de place pour des laïcs ». En ce sens il devançait ce que le pape François nous recommande en parlant du cléricalisme. C'est toujours en recherche ; des différends et désaccords sont apparus au fil des ans, souvent réglés par des échanges certes vigoureux mais réels et qui ont permis de fonctionner.

Marie-Antoinette M.

Saint-Merry, c'est aussi pour moi, et certains d'entre nous, l'expérience de la coresponsabilité, un chemin peu facile, qui écarte ou atténue les egos en recherche de pouvoir (plus ou moins consciemment). Ne soyons pas naïfs, nous avons connu et connaîtrons encore ces conflits d'abord fondés sur nos egos. Mais là n'est pas l'essentiel. Être capable de mûrir en commun réflexions et décisions est précieux dans notre société très focalisée sur l'accomplissement individuel, oubliant trop souvent ses responsabilités vis-à-vis des autres êtres humains.
Le Centre pastoral Halles-Beaubourg nous le rappelle et nous donne la possibilité de nous y employer dans les nombreux groupes « caritatifs » en place, dans la conduite d'actions communes, dont la préparation des célébrations.

Nathalie T.

J'ai, avec bonheur, fait partie de ceux qui ont créé le centre pastoral, en mettant en œuvre, avec Xavier de Chalendar et ceux qui nous ont rejoints, la mission confiée par Mgr Marty à notre équipe à partir de 1975. Comme prêtre, j'ai été profondément heureux de cette coresponsabilité, qui nous a permis de créer ensemble un nouvel espace de communion ouvert à tous. Ainsi, cette sanction épiscopale me touche d'autant plus qu'elle concerne les axes majeurs de ce projet : évidemment la recherche liturgique qui a pris des formes diverses au fil du temps, les rapports entre prêtres et laïcs et la coresponsabilité qui a été, dès le démarrage, une préoccupation centrale. Elle concerne la mise en œuvre d'un humanisme évangélique attentif à tout ce qui affecte les frères proches ou lointains. Sans en parler elle met en cause l'appel à la créativité de tous, que ce soit dans le domaine de l'art avec l'accès de tous à la beauté, ou dans la recherche d'une parole forte sur la foi et les grands problèmes d'aujourd'hui.

Jean-Claude T.

Je peux comprendre qu'il puisse à l'occasion y avoir des tensions entre les différentes instances qui utilisent l'église. J'ose cependant croire qu'en Église il est possible de dialoguer (éventuellement en faisant appel à un médiateur) et qu'il est possible de trouver des compromis permettant un équilibre entre les diverses fonctions, dans le respect mutuel.

Ignace B.

Nous sommes tous ensemble des adultes doués de liberté, capables de réflexion et c'est tous ensemble, à égalité d'humanité et de baptême, que nous souhaitons avancer, même si nous avons des rôles différents. Et partager ensemble notre marche d'humanité, en prise avec le monde de notre temps, éclairés et nourris par l'Esprit et la parole du Christ, c'est là notre désir et notre horizon.

Jean-Luc L.

L'évolution des organes de l'Église doit absolument être le fait de la « communauté » et non de la décision arbitraire et autoritaire d'un seul, fût-il évêque. L'Église doit, c'est une condition de sa survie ainsi qu'une fidélité au message de Jésus, démocratiser très largement son fonctionnement et ne plus être le seul fait des clercs.

Luc M.

Mariée, mère de deux enfants, cela fait trente ans que je traverse Paris pour venir à Saint-Merry. J'ai participé à des groupes divers (groupe chômage, préparation d'expositions sur le pardon, la famille, éveil à la foi, commission partage, accueil, art...). La coresponsabilité a consisté à accepter de m'engager dans des groupes, parfois d'en accepter la responsabilité, en ayant soin de n'y rester qu'un moment pour passer le relais à d'autres.

Nathalie T.

L'accueil inconditionnel et la coresponsabilité qui s'y vivent sont, pour beaucoup de personnes, des signes de l'Évangile dans la société actuelle.

Les réseaux du Parvis

Si l'on a encore le droit de rêver, on peut imaginer qu'une paroisse dont le prêtre est le chef incontesté, incontestable, devienne une communauté qui élirait son président (laïc homme ou femme), et son prêtre serait délivré de toutes les tâches que des laïcs pourraient à l'évidence assurer ; alors les prêtres, simples membres de la communauté, comme tout le monde, pourraient exercer le ministère pour lequel ils ont été ordonnés, au service du peuple de Dieu. Non ?

Jean S.

Comment ne pas être étonné que la coresponsabilité fasse tant problème... Certes la culture ecclésiale ne les a pas préparés à cet exercice, ni même à gérer un collectif où de par le droit canon (et pas le Nouveau Testament) le curé est à la fois le délégué de l'évêque et le représentant légal auprès des autorités civiles ; une fonction d'autorité, alors que sa première mission n'est-elle pas d'être pasteur ? Quelle incohérence ! Difficile de concilier sa fonction de président de la communion, avec l'exercice de l'autorité souvent légitimée par le fait d'être le garant de la Vérité (formulée au fil du temps sous forme d'une « doctrine »), oubliant que la transmission de la Parole n'a de sens que si elle prend en compte les interrogations du temps présent, en utilisant les acquis vivants du passé quand ils s'avèrent être à bon escient.

André L.

Une des caractéristiques principales de Saint-Merry, à laquelle je suis très attachée car ce n'est pas seulement une donnée organisationnelle mais un visage d'Église essentiel, est ce que nous appelons la coresponsabilité. Elle se traduit d'une part par la prise de responsabilités effectives d'un grand nombre de personnes à tous niveaux (groupes, pôles, missions, services grands et petits de tous ordres, réguliers ou ponctuels), avec en principe un renouvellement systématique des personnes au cours des années, de façon à ce que chacun ait l'occasion d'y prendre sa part, et que personne ne s'y sente « propriétaire ».

Blandine A.

I

Vivre la coresponsabilité, une ouverture de toute l'Église

Par Jean-Claude Thomas[1]

À notre arrivée à Saint-Merry, avec Xavier de Chalendar, en prenant la coresponsabilité comme base de notre pratique pastorale, nous n'avions pas le sentiment de faire quelque chose d'extraordinaire. Nous l'avions déjà pratiquée dans les aumôneries (aumônerie de l'enseignement public pour Xavier, aumônerie d'étudiants pour moi). Donc, il n'était pas question pour nous de nous lancer tout seuls dans le projet du Centre pastoral Halles-Beaubourg. Nous avons démarré à trois, avec Marie-Luce Brun, religieuse. Puis, par cooptation, nous nous sommes trouvés à quatre, puis à six, puis à huit, formant une première équipe pastorale où les laïcs étaient majoritaires. Les années suivantes, des élections, auxquelles tous les membres de la communauté ont été invités à participer, sont venues en confirmer, puis en renouveler les membres.

En arrière-fond, il y avait, c'est vrai, un désir commun de « faire Église autrement », non seulement en partageant les responsabilités, mais en ouvrant largement les portes et les

1. Jean-Claude Thomas est prêtre du diocèse de Paris, fondateur avec Xavier de Chalendar du Centre pastoral Halles-Beaubourg, président de l'association Arc-en-ciel.

fenêtres, dans une forme d'accueil inconditionnel qui a donné à Saint-Merry son image de marque et son originalité.

Dans nos idées et notre pratique, nous ne concevions pas le sacerdoce comme une position hiérarchique ou un pouvoir refusé aux laïcs, mais comme une responsabilité de coordination au service de tous, dans le cadre d'une mission commune : traduire l'Évangile en actes et en faire une proposition de vie offerte à tous.

Nous n'imaginions pas qu'un jour, en 2013, le pape François écrirait : « Certes la conscience de l'identité et de la mission des laïcs dans l'Église s'est accrue. Mais la prise de conscience de cette responsabilité des laïcs [...] n'a pas toujours trouvé d'espaces [...] afin de pouvoir s'exprimer et agir, à cause d'un cléricalisme excessif qui les maintient en marge des décisions » (*Evangelii gaudium* 102).

Il dit encore : « Alors qu'il nous est demandé d'imaginer des espaces de prière et de communion avec des caractéristiques innovantes, plus attirantes et significatives pour les populations urbaines [...] il est illogique, voire impensable que nous, les pasteurs, puissions croire avoir le monopole des solutions à apporter aux multiples défis que nous réserve la vie contemporaine » (*Lettre au cardinal Ouellet*, mars 2016).

Pour le pape François, « la coresponsabilité du peuple de Dieu tout entier dans la mission de l'Église requiert de lancer des processus de consultation qui favorisent la participation et la présence des laïcs et qui fassent davantage entendre leur voix » (article de *Civilta Cattolica* sur la synodalité, janvier 2021).

Vivre la coresponsabilité pour nous, ce n'était pas seulement choisir un mode de fonctionnement interne à l'Église. C'était ouvrir une porte pour laisser entrer la vie, les interrogations, les intuitions, l'expérience de ceux qui constituent l'énorme majorité des chrétiens. C'était se donner la possibilité de changer le visage de cette Église, au moins à travers une communauté en genèse, de la rendre plus proche, plus jeune, plus mixte, plus accueillante, alors qu'aux yeux de beaucoup, seuls les prêtres et les évêques l'incarnent.

Il me semble que cette question n'a jamais été autant d'actualité. Au moment où l'Église est inquiète pour son avenir, angoissée par la baisse des vocations et la raréfaction des prêtres, bousculée par des histoires dont elle se serait bien passée, tout cela sur l'arrière-fond d'une société profondément sécularisée, elle est tentée – on le voit partout en France – de resserrer les rangs, de se mettre comme en autodéfense autour de prêtres venus d'un peu partout, pour « tenir le terrain », comme disent les évêques.

Mais n'est-il pas vital, au contraire, de prendre du recul et de tenter autre chose ? C'est clairement ce que propose le pape François. Mais est-il entendu, dans cette Église qui se crispe et favorise souvent un cléricalisme mortifère ? Est-il entendu quand il invite à une nouvelle conscience ecclésiale qui prenne vraiment au sérieux le « sacerdoce commun des fidèles » ? Quand il invite tous les membres de l'Église à en devenir davantage coresponsables ? Quand il affirme que « le chemin de la synodalité est celui que Dieu attend de l'Église du troisième millénaire », car la synodalité « nous offre le cadre d'interprétation le plus adapté pour comprendre le ministère hiérarchique lui-même » ? Quand il dessine l'image d'une Église qui – comme « une pyramide inversée » où le sommet se trouve au-dessous de la base – harmonise tous les sujets qui la composent ?

Il est urgent d'expérimenter d'autres manières de partager la responsabilité pastorale. C'est ce que le pape a tenté lors du synode sur l'Amazonie, mais il s'est heurté à de multiples blocages. C'est ce que le centre pastoral a mis en œuvre, à sa façon, pendant plus de quarante ans. Sans en méconnaître les difficultés, liées aux différences de conception et de comportement, aux tensions entre personnes, aux appétits de pouvoir, l'expérience vécue en illustre la fécondité. Nous sommes nombreux à avoir eu le bonheur de voir, grâce à elle, se dessiner un visage d'Église porteur de sens pour beaucoup qui ne font pas partie du sérail. D'avoir vu éclore et vivre une communauté ouverte aux « vents du monde » et aux grands enjeux de ce temps. D'avoir pu y accueillir nombre de ceux qui, jusque-là, se sentaient rejetés, incompris. Et cela, grâce aux multiples initiatives traduisant, chacune à sa façon, une facette de l'Évangile.

On se prive de beaucoup de choses quand la place des laïcs et le partage des responsabilités sont insuffisants, ou même en voie de réduction. On se prive d'une grande part des « fruits de l'Esprit », comme dit saint Paul.

On peut se souvenir que le même saint Paul, quand il écrit le tout premier texte du Nouveau Testament, en 50-51, bien avant que les Évangiles ne prennent la forme que nous leur connaissons, exprime d'abord sa reconnaissance et son admiration envers les laïcs de son temps :

> Paul, Silvain et Timothée, à l'Église de Thessalonique qui est en Dieu le Père et dans le Seigneur Jésus Christ. À vous, la grâce et la paix. À tout moment, nous rendons grâce à Dieu au sujet de vous tous, en faisant mémoire de vous dans nos prières. Sans cesse, nous nous souvenons que votre foi est active, que votre charité se donne de la peine, que votre espérance tient bon en notre Seigneur Jésus Christ, en présence de Dieu notre Père (1 Th 1, 1-3).

Que la première page écrite du Nouveau Testament soit de cette teneur pourrait servir de boussole à l'Église. Elle me semble indiquer que le premier devoir d'un pasteur est la reconnaissance, qui seule ouvre la porte à un travail en commun fructueux pour mettre en œuvre et répandre l'Évangile.

Personnellement, je suis profondément reconnaissant envers ceux avec qui j'ai expérimenté cette coresponsabilité et envers tous ceux qui ont « joué le jeu » au fil des années suivantes. Pour leur apport personnel, leur amitié souvent, leur foi active, leur créativité, leur ouverture de cœur et d'esprit, leur capacité à se battre pour faire advenir cette « Église autrement » que nous souhaitions de nos vœux. Ce que j'ai partagé, et que je me suis efforcé de prolonger dans d'autres contextes, a changé ma vie, ma vision des choses, ma façon d'agir et, je l'espère, contribué à féconder d'autres lieux, d'autres communautés marquées par d'autres rencontres, d'autres initiatives partagées, d'autres rêves.

II

Prêtres et laïcs, au tournant du troisième millénaire

PAR CLAUDE PLETTNER[1]

La coresponsabilité entre prêtres et laïcs, enjeu majeur au CPHB, dépasse de beaucoup ce clocher parisien. L'articulation de la coresponsabilité baptismale de tous et de la collaboration ministérielle de quelques-uns est une question d'ordre pratique et théologique. Le CPHB a ouvert des voies dans cette direction et souvent avec bonheur. Beaucoup, ayant à cœur de n'être pas simples usagers ou consommateurs, y ont pris des responsabilités effectives à tous niveaux. Ils ont mis en œuvre un nouveau style d'animation, de nouvelles formes de gouvernance, d'organisation et de célébration. Cela ne saurait aller sans de nouvelles perspectives dans l'exercice de l'autorité dans une communauté. Certains prêtres nommés au CPHB ont su y trouver leur place, conscients d'aller vers une Église où les fonctions sont redistribuées et majoritairement prises en charge par des laïcs. Ils ont fait leur le principe de la collégialité, par lequel un groupe de personnes élues par la communauté adopte et assume les décisions prises collectivement, en lien

1. Claude Plettner a été journaliste, éditrice au groupe Bayard. Théologienne, écrivain, elle est membre de la communauté du Centre pastoral Saint-Merry.

étroit avec eux. Ils ont été capables de mettre en pratique cette coresponsabilité.

Un difficile exercice

Ce n'est pas toujours allé sans mal. En partie pour une raison exprimée par l'un d'eux :

> Au CPHB, le prêtre a souvent été considéré comme un mal nécessaire, car vu comme trop lié à une institution hiérarchique et réactionnaire. « On ne peut pas s'en passer, mais ça ne durera pas… Les laïcs prendront le pouvoir. » C'est dans cet esprit que j'ai été accueilli. Et en dix années à votre service, je n'ai jamais réussi à provoquer une réflexion profonde sur ce qu'est le prêtre.

Ce n'est donc pas un hasard si, au moment d'adopter les priorités du CPHB pour 2015-2020, la seule formulation refusée par l'assemblée générale portait sur « le rôle des prêtres nommés par l'évêque, parmi lesquels le responsable du centre pastoral ». Cette communauté doit sérieusement s'interroger sur pareil angle mort mais il est trop facile de la tenir pour unique responsable de cette situation, tant le concept de coresponsabilité a besoin d'être clarifié dans l'Église. Certes, le concile Vatican II a retrouvé le sens du peuple de Dieu et du sacerdoce commun des baptisés. Là où le concile de Trente employait le mot *sacerdos* (homme du sacré), le concile Vatican II est revenu à l'expression de ministère « presbytéral ». Mais ce dernier nous a laissés au milieu du gué : *Lumen gentium* (§10) envisage le sacerdoce commun des baptisés et le sacerdoce ministériel des prêtres comme deux participations différentes de l'unique sacerdoce du Christ, et tient qu'il y a un seul sacerdoce auquel laïcs et prêtres ont part de manière différente. Fort bien. Mais faute de temps, le « comment » de cette articulation concrète n'a pas été réfléchi. Et depuis, les conséquences d'une prise au sérieux de ce sacerdoce commun n'ont pas été traduites dans des réformes structurelles. Nous voilà donc dans une inconfortable période de transition, que le Code de droit canonique de 1983 entérine, en liant gouvernance d'une communauté et ordination sacerdotale (article 129). Beaucoup reste à faire pour que cette juste articulation soit mise en œuvre institutionnellement, reconnue et actée dans les pratiques, la théologie, le droit. En attendant, les laïcs restent des sous-clercs, surtout là où de jeunes hommes « resacerdotalisent » leur prêtrise. D'où les difficultés pour vivre la coresponsabilité sur le terrain. Au point de se demander si celle-ci, et à plus forte raison la direction collégiale d'une communauté, n'est pas une promesse intenable dans les faits.

Ce qu'apprend l'expérience du CPHB, c'est précisément le difficile exercice d'une responsabilité et d'une collaboration conjointes et différenciées entre clercs et laïcs. Mettre en place un partenariat où chacun travaille au même objectif, sans nier les différences de statut et de responsabilité, est plus facile à dire qu'à faire. Faute de bien comprendre les spécificités et l'articulation du sacerdoce commun des baptisés et du sacerdoce ordonné, on risque de s'épuiser dans les luttes de pouvoirs, les revendications de territoires, les accusations de cléricalisme ou les excès de « laïcalisme » de ceux qui écartent le prêtre sous prétexte que « nous les laïcs nous pouvons le faire ».

La symbolique du ministère presbytéral

Or, au-delà des questions organisationnelles, et même s'il est plus que souhaitable que les modalités de ce ministère évoluent, ce qu'il symbolise dans une communauté demeurera : le lien avec ce qui la précède, la déborde et la convoque.

Comme le rappelle Yves Congar : « Tous sont prêtres (*hiereus*), quelques-uns sont prêtres (*presbyteroï*). » En effet, le prêtre a reçu par ordination un ministère spécifique, permanent et institué, à la triple symbolique. J'entends ici symbolique au sens de mot grec *sunballein* : « Ce qui fait tenir ensemble. » En l'occurrence, ce qui fait tenir ensemble une communauté.

Symbolique temporelle : le ministère presbytéral relie une communauté à ce qui la précède, à ce qui vient de plus loin qu'elle, à savoir la fidélité à l'Évangile reçu des apôtres. Il lui rappelle que tout ne commence pas avec elle, que l'Église n'est pas source d'elle-même.

Symbolique spatiale : il relie une communauté à plus large qu'elle, l'Église locale, l'évêque, l'Église universelle, l'ailleurs. Le hors d'elle-même. Et l'y envoie.

Symbolique, enfin, de l'altérité. Le prêtre est le signe au milieu de la communauté qu'elle n'est pas propriétaire d'elle-même. Elle ne devient « Église » qu'appelée et non parce qu'elle le décide. Le ministère presbytéral manifeste que c'est l'initiative d'un Autre, le Christ, qui la rassemble. Il décentre la communauté d'elle-même (le ministre lui est envoyé) et la recentre sacramentellement sur le Christ : le prêtre n'est pas le Christ mais médiatise sa convocation, la symbolise.

La question du rôle et de la place du curé

C'est un nœud névralgique ailleurs qu'au CPHB. Tous les curés ne sont pas prêts à reconnaître la légitimité des laïcs à leurs côtés, à accepter la nécessaire concertation et la difficile élaboration commune. S'ils s'opposent à telle ou telle orientation proposée par les laïcs, tous ne sont pas en mesure de s'en expliquer de manière pertinente, sans déployer les seuls arguments d'autorité. Ils ne pourront pourtant plus longtemps encore être les seuls autorisés à décider *in fine* de la gouvernance de l'Église locale.

Reste que dans l'état actuel des choses, on ne peut faire l'impasse sur la distinction au sein d'une équipe pastorale entre le curé et les autres membres, du fait même de la diversité des conditions canoniques des uns et des autres et de leurs attributions respectives (cf. article 515 § 1 et article 519). Tous élaborent la décision mais une équipe pastorale est encore placée sous la responsabilité du curé…

Une équipe pastorale doit être au clair sur le rôle de ce dernier, et sur sa propre relation à l'institution, si elle ne veut pas se laisser paralyser par des conflits stériles. Impossible en particulier de travailler ensemble avec un *a priori* négatif sur le curé homme du « pouvoir ». Simple rappel : le pouvoir n'est en soi ni mauvais ni pervers : c'est une réalité humaine indispensable à la vie des collectivités. L'Église ne fait pas exception. La coresponsabilité n'est donc pas l'autogestion sans autorité. Pas d'angélisme : chassez le pouvoir par la porte, il revient par la fenêtre !

Vers demain

On l'aura compris : ce qui se joue avec des lieux comme le CPHB, c'est la réelle association des laïcs au ministère du curé, dans l'animation ou la direction d'une communauté. Cette association devient une nécessité dans un contexte de sortie de la chrétienté et de « la civilisation paroissiale ». Le nombre de prêtres diminuant, l'Église ne peut plus reposer sur le clergé ni la paroisse sur le seul curé. Nous entrons dans une profonde transformation de l'Église et dans un processus de redécouverte du ministère ecclésial dans sa diversité.

L'enjeu est de taille : mettre en œuvre la participation des laïcs à une pluralité de services et de ministères adaptés à la situation où nous sommes et en inventer de nouveaux à partir de la notion de peuple de Dieu. La responsabilité de tous et l'existence d'autres ministères, si elles n'effacent pas le ministère presbytéral, feront bouger son autorité pastorale et la reconfigureront dans une Église en mutation.

Les tout premiers siècles de l'Église peuvent nous fournir des ressources précieuses pour cette tâche d'invention. Sans penser revenir à un imaginaire fantasmé de ces premiers siècles en enjambant deux mille ans d'histoire. Et sans se couper de l'Église telle qu'elle est au nom de celle dont on rêve.

La coresponsabilité et la synodalité restent à mettre en œuvre à tous les niveaux de l'Église. L'expérience du CPHB montre que cet apprentissage est heureux. Et laborieux.

DEUXIÈME PARTIE

UNE LITURGIE INVENTIVE EN RÉSONANCE AVEC LE MONDE

Bien plus authentiquement que notre église de pierre, la communauté rassemblée, invitée, la communauté de ceux qui se savent appelés par leur nom constituent notre lieu d'Église.

Joseph P.

Des liturgies vivantes où la table de la parole devient table du festin, vraie nourriture loin des rituels sclérosants de tant de nos messes ! C'est Saint-Merry. Chacun est accueilli comme « aimé du Père », chacun peut trouver sa place dans la communauté.

Monique et Nicolas F.

Chacun peut vivre des liturgies où le « banquet de la Parole » tient toute sa place dans l'Eucharistie : ce n'est pas seulement l'affaire privée d'un clerc, mais un partage de vie à la lumière des Écritures qui trouve son accomplissement dans le partage du Pain.

Monique et Nicolas F.

C'est une joie intense de savoir que je peux à Saint-Merry me ressourcer de la présence de chrétiens, vivant un Évangile qui questionne et dialogue en première ligne avec le monde contemporain. Chaque Eucharistie est neuve, préparée « sur mesure », et elle nous implique dans tout notre être.

Agnès C.

J'ai trouvé des célébrations qui faisaient sens, grâce à cette communauté si vivante et ouverte, accueillante et non discriminante, où prêtres et laïcs réfléchissent et élaborent ensemble une façon de célébrer toujours renouvelée et incarnée dans la vie, en résonance avec elle. J'ai donc adopté cette communauté avec bonheur et reconnaissance. J'en suis nourrie et éclairée spirituellement de façon profonde et durable.

Catherine B.-D.

Ce que nous apprécions à la messe de 11 h 15 : l'accueil, la qualité des chants, le micro partagé, les déplacements, les homélies des laïcs, les 6X6* ; la simplicité liturgique, les fleurs, les expositions. Accessoirement, l'attention pour les vieux. Quand nous sortons, nous avons le sentiment d'avoir vécu un vrai temps fort, malgré les trois heures, trajet compris.

*6x6 : partage d'évangile à six personnes durant six minutes pendant la célébration

Pierre B.

La messe du Centre pastoral Saint-Merry de 11 h 15, dans laquelle les laïcs ont un rôle majeur, est apparue comme point de blocage dans le conflit avec le diocèse de Paris. Un signataire de la pétition évoque « une liturgie vivante loin des rituels sclérosants de tant de nos messes ».

Philippe C.

Nos ados n'ont jamais rechigné à nous accompagner, ce qui constitue un choix de matinée le dimanche. [...] Comme nous, ils apprécient :

• Le rôle des laïcs : hommes et femmes sans distinction, actifs dans la préparation de la messe, par leur témoignage bref mais ancré dans la vie.

• L'accueil naturel et le sourire de ceux que nous rencontrons sans les connaître.

• Pas de cérémonie standardisée, avec trois lectures et un sermon qui souvent n'y fait pas référence. À Saint-Merry, les variantes apportées nous permettent de rester attentifs.

• Pas de spectacle ni de décorum d'un autre temps mais la simplicité et le dépouillement, qui devraient régner dans toutes cérémonies.

• Un déplacement de la foule, de la nef au cœur pour l'offertoire. Le chœur n'est pas réservé aux hommes et aux clercs.

• Accueil de chacun avec ses différences de valeurs : Saint-Merry accueille chacun sans distinction ni jugement.

Olivier M.

Le Missel romain parle de deux tables pour une célébration dominicale : celle de la Parole et celle de l'Eucharistie. Le Centre Saint-Merry a matérialisé une véritable table de la Parole, sur laquelle les baptisés viennent « casser la parole en morceaux », afin de la donner à digérer à leurs frères et qu'elle soit comestible pour chacun. Les concepteurs de cette façon de célébrer ont compris l'esprit du concile Vatican II.

Nicolas B.-A.

Puis nous avons assisté à une messe du centre pastoral, et nous nous sommes sentis libérés. Nous n'avions plus l'impression de répondre à des rituels qui nous semblaient perdre leur sens par leur automatisme et leur rigidité. Le déroulé, comme les mots employés, nous touchaient en vérité et allaient à l'essentiel du message de l'Évangile. [...] Chaque dimanche, on nous interpellait de manière différente : par une homélie déroutante, par un échange avec nos voisins, ou encore par un temps de méditation. Et ce déplacement de la nef au chœur, pour se rassembler tous autour de l'autel au moment de l'Eucharistie, cela avait soudain beaucoup de sens.

Tristan S.

Je viens « au puits », comme la Samaritaine, auprès de Jésus-Christ et de sa parole, entouré, questionné par des personnes qui, comme moi, cherchent un sens, un guide, une nourriture pour leur vie de chaque jour.

Jean-Luc L.

J'ai pu vivre ces passages grâce à la communauté de Saint-Merry, par des temps partagés, par la célébration dominicale : j'ai trouvé là la nourriture nécessaire à ma vie. [...] J'ai pu, grâce à vous, passer des caps. La Parole qui s'échange, qui se vit dans des actes, m'a permis de poursuivre mon chemin. L'Esprit souffle par les portes ouvertes, il m'a guidé car il passait entre parole, silence, expositions, partages, entre nous.

Jean-Louis W.

C'était une réelle aubaine de trouver une telle célébration avec ces prises de paroles, le partage du pain et du vin dans une réelle communion avec l'assemblée. Un exemple dont je me suis inspiré et que je retrouve également chez nous au prieuré à Malèves-Sainte-Marie, avec Gabriel Ringlet. Une bouffée d'air frais et une ouverture évangélique dans nos liturgies sclérosées, hiérarchisées et qui n'ont plus évolué depuis cinquante ans !

Philippe M.

Je me nourris de Dieu aux célébrations eucharistiques de Saint-Merry où se parlent l'audace, la puissante liberté et l'ouverture vraie de l'Esprit dans les paroles de l'Évangile, une profondeur inouïe d'une spiritualité chrétienne intime, respectueuse et ouverte au monde ; tout ceci dans une fraternité collaborative rare et vivante entre prêtre célébrant et laïcs, comme demandée par le pape François, en plein cœur de la richesse plurielle de Paris qui entre dans cette église aussi pour ses engagements forts.

Catherine B.

La communauté qui célèbre est aussi celle qui chante : un groupe « chant » a donc été créé, qui écrit chants et mélodies, assure l'apprentissage des chants par la communauté, anime leur exécution, avec le souci constant que toute l'assemblée participe.

Joseph P.

I

La liturgie, entre tradition et innovation

Par Nicolas de Bremond d'Ars[1]

Les questions liturgiques fâchent. Ce n'est pas surprenant : depuis toujours, une réforme dans l'Église catholique s'incarne dans une réforme liturgique. La contestation ou l'approbation de cette réforme passe par une contestation ou une prise en charge de la nouvelle liturgie. Car la liturgie est « protocolaire », elle appartient à cet ensemble social qu'on peut appeler « cérémonies » qui exprime – avec plus ou moins de justesse – ce que la société veut dire d'elle-même.

Toutefois, les sociétés humaines sont soumises à l'usure du temps, elles changent, se transforment, et s'éloignent peu à peu de ce qui avait été défini plusieurs décennies auparavant comme expression de ce qu'elles croient être. Les cérémonies doivent donc changer pour refléter au mieux les attentes des membres du groupe social.

Le Centre pastoral Halles-Beaubourg (Saint-Merry) a été un lieu de recherche pour prendre en compte ce dernier aspect. Mais, entre respect de la tradition et innovation, que peut-on faire aujourd'hui avec les liturgies catholiques romaines ?

1. Nicolas de Bremond d'Ars est prêtre de Paris, sociologue, ancien chercheur-associé au CéSor-EHESS, auteur de *La liturgie catholique. Quarante ans de pratiques en France*, PUR, Rennes, 2015.

Qu'est-ce que la liturgie ?

Le vocable « liturgie » recouvre, dans le langage ecclésial, plusieurs réalités distinctes, qu'il importe de redéfinir. Écartons d'abord deux confusions.

La première est courante, puisqu'il s'agit de qualifier de *liturgique* toute action *rituelle*. Or, un rituel n'est pas une liturgie. Cette confusion est entretenue, par exemple, par l'intitulé des livres destinés aux célébrants : « rituel du baptême », « rituel de la réconciliation ». D'un point de vue scientifique profane, le rituel est une action codifiée à laquelle on ne doit pas déroger sous peine de voir son efficacité amoindrie (voire annulée). Si on ne baptise pas « au nom du Père et du Fils et du Saint-Esprit », il n'y a pas baptême au sens catholique (voire chrétien tout court). En même temps, on parle de la « liturgie du baptême », ce qui trouble les choses. Simplifions : il y a bien un *rituel* du baptême, qui s'accomplit au cours d'une *liturgie*. Autrement dit, une liturgie est notamment (mais pas seulement !) construite avec des rituels.

Toutefois, une deuxième confusion se superpose à la première, puisqu'on parle du « sacrement » du baptême. C'est la troisième appellation pour une même action ecclésiale ! La distinction est pourtant moins aisée que dans le cas du rituel. En effet, dans l'ensemble constitué par ce que l'Église nomme « liturgie », il y a aussi bien des actions sacramentelles que d'autres qui ne le sont pas. Par exemple, la liturgie des obsèques. Inversement, le « sacrement de réconciliation » sous la forme de la confession privée est bien un sacrement, mais ce n'est pas (quoi qu'on en dise) une liturgie. Les caractéristiques principales n'y sont pas présentes.

La liturgie est donc plus qu'un rituel, et moins qu'un sacrement. Mais elle articule – ou devrait articuler – les deux éléments les uns aux autres, en les rapportant aux personnes concrètes qui les mettent en œuvre. Il n'y a pas de liturgie sans personnes et groupes qui constituent le peuple des croyants, de même qu'il n'y a pas de liturgie sans la Présence : une liturgie rend visible en un moment donné la jointure entre historicité des hommes et éternité de Dieu.

La messe

Quant à la messe, c'est une liturgie pour *entretenir la foi*. Comme un croyant est tiraillé entre son être-au-monde et son être-croyant, il faut maintenir l'attelage. Normalement, la messe prend en charge l'aller-retour entre ce qui est « du monde » et ce qui est « de Dieu ». Les croyants s'insèrent dans le groupe ecclésial pour faire ensemble des liaisons entre les deux mondes. Pourquoi ? Tout simplement parce que les croyants veulent venir « faire corps les uns avec les autres » autour du Seigneur (i.e. *dans* le Christ) qui les a adoptés comme frères. C'est donc bien la fraternité qui est au cœur du rassemblement eucharistique, et non pas la dimension sacrificielle. L'Eucharistie – la messe – est là, en premier, pour entretenir la fraternité heureuse inaugurée par Jésus-Christ. Il a donné sa vie (en grec : *psychè*) pour donner la vie (en grec : *zoè*) aux frères[1].

La liturgie de Paul VI l'a mis en place en introduisant deux modalités, très modestes. D'abord par la « prière universelle », qui est techniquement la « prière de l'assemblée », ensuite par la procession des offrandes. Cette « prière de l'assemblée », ou « prière universelle », se fait normalement l'écho des préoccupations du groupe ecclésial qui se rassemble *hic et nunc*. On la dévoie de son sens lorsqu'on ne permet plus aux fidèles de la composer *en rapport* avec ces préoccupations. La procession des offrandes, hélas bien souvent réduite à un déplacement entre une desserte située sur le côté et l'autel, expose l'irruption de la Création dans le dialogue entre les hommes et Dieu.

1. Cette distinction, très rarement soulignée, est fondamentale dans les Évangiles. Mais on ne dispose pas d'équivalent en français.

J'ajoute à cela que le « sermon », ou homélie, dans la mesure où il *casse* l'étrangeté de la Parole divine pour la rendre *comestible* à un esprit humain, participe à l'œuvre de jonction. La Parole est donnée puis transmise par un (ou plusieurs) locuteur(s) : elle emprunte les mots, la langue et l'imaginaire des fidèles qui sont là, présents. Il paraîtrait logique, nonobstant les questions délicates d'autorité, que la distribution de cette parole par les commentaires soit assurée par les fidèles. En effet, dans la mesure où ils sont ancrés dans une portion du monde avec une forme d'expertise humaine spécifique, ils sont à même d'exposer comment la Parole vient ensemencer leurs façons de penser et d'agir dans ce monde qu'ils connaissent.

Pourtant, à ce jour, on peut estimer raisonnablement que la réforme liturgique conciliaire a échoué. De multiples raisons y ont concouru. La plus fondamentale tient à ce que la constitution conciliaire *Sacrosanctum concilium* (sur la liturgie) a été votée bien avant le retournement de *Gaudium et spes* et *Lumen gentium*, avec lesquelles elle n'est donc pas en cohérence.

Une deuxième, plus anthropologique, vient à l'esprit. La réforme a été préparée sur la base d'expériences menées çà et là, dans le demi-siècle qui a précédé. Ainsi que sur un considérable renouvellement des études, tant archéologiques que patristiques ou bibliques. Ces études se sont approfondies, pendant que, au même moment, l'humanité connaissait une extension inédite de la prospérité, après les guerres mondiales. Nous sommes entrés dans une ère d'abondance, mettant fin à des millénaires de précarité[1]. Une doctrine du sacrifice n'est plus audible dans ce contexte, mais la messe véhicule encore cet imaginaire, bien que celui du repas fraternel ait été, à l'origine, premier (cf. 1 Co 11).

1. Même si une partie de l'humanité vit encore au jour le jour dans le dénuement, on meurt plus de l'obésité, du tabac et du cancer que de faim, dans le monde.

En troisième lieu, il faut incriminer la frilosité d'une Église européenne qui voit ses bases historiques s'effriter dangereusement : contexte qui n'est pas propice à l'audace, mais au repliement sur soi. Les expériences de type Saint-Merry, qui mériteraient d'être approfondies et revitalisées, sont désormais regardées avec la plus grande suspicion. C'est aller fondamentalement contre la constante injonction du Dieu de la Bible : « Je vous précède en Galilée. »

II

Pour un rituel créatif

PAR JESÚS ASURMENDI[1]

Qu'est-ce que célébrer ?

Célébrer, c'est fêter ensemble un événement qui concerne tous ceux qui le célèbrent. Ainsi en va-t-il de l'Eucharistie où l'on célèbre la résurrection de Jésus-Christ, fondement de la foi chrétienne et, en conséquence, de toute cette communauté. De là, son importance pour ladite communauté car il s'agit de célébrer ce qui fait son identité. On célèbre parce que l'on croit, évidemment. On croit que ce que l'on célèbre, la résurrection du Christ, constitue le fondement même de cette communauté. Une communauté qui ne célèbre pas ce qui la fonde disparaît. Il est vital que la communauté participe car il s'agit de sa célébration. Cela tient du fait que l'on n'est pas un chrétien isolé, mais membre d'une communauté de croyants qui célèbre son Seigneur en Église.

La communauté par nature est diverse. Elle arrive avec ce qu'elle est ; elle apporte ses problèmes et ses joies, la vie du monde. Il est capital que la communauté participe car il s'agit

1. Jesús Asurmendi est prêtre, bibliste, professeur honoraire à l'Institut catholique de Paris, auteur de nombreux ouvrages sur les Prophètes et l'Ancien Testament. Il accompagne la communauté du Centre pastoral Saint-Merry.

de sa célébration. Cela se vérifie dans le fait que le président (le prêtre) ne parle jamais en son nom personnel. Il parle toujours à la première personne du pluriel, en tant que président d'une communauté, celle qui célèbre. La qualité d'une célébration se mesure, entre autres, à la qualité de la participation de l'assemblée. La liturgie de la parole se prête plus à l'actualisation. D'ailleurs, on ne proclame pas ces vieux textes pour le plaisir de l'ancien, pour le culte du «vieux». On les proclame parce qu'ils sont censés dire quelque chose aujourd'hui.

La participation de l'assemblée est primordiale

À Saint-Merry, cette participation se vérifie de deux manières. La première dans la préparation de la célébration quelques jours auparavant, où n'importe quel membre de l'assemblée, de la communauté, peut participer. Lors de cette préparation, on discute des textes à lire. On les choisit, de préférence parmi ceux proposés, et on opère ce qui est indispensable pour une bonne utilisation dans la liturgie: on les contextualise en les plaçant dans le lieu et le temps de production dans la mesure du possible; on les décontextualise et on les recontextualise en fonction de l'actualité. On voit également qui va lire tel ou tel texte, y compris l'Évangile, et dans quel ordre car la séquence peut jouer un rôle dans la dynamique de la liturgie de la Parole. Ceci permet aussi de s'approprier les textes pendant la semaine. Lors de cette préparation également, on échange et on choisit le fil conducteur de la célébration qui se manifestera principalement dans le commentaire des textes, voire dans l'homélie. Le deuxième mode de participation de l'assemblée se concrétise dans la célébration elle-même. Non seulement par le fait que les textes sont lus mais aussi commentés par les membres de l'assemblée, Évangile compris, mais aussi, parfois, par un «micro libre» qui permet à ceux qui le souhaitent d'apporter leur touche personnelle dans le commentaire global des textes.

La prière eucharistique est, normalement, actualisée à chaque célébration par le prêtre qui préside la célébration, comme le dit Justin de Naplouse[1]. Cela demande plus de finesse et de travail. Mais ce n'est pas un prétexte à la paresse ! Pour cela, il faut connaître les composantes essentielles de toute prière eucharistique. Deux éléments s'imposent. Il s'agit des deux épiclèses. Deux invocations à l'Esprit Saint : la première, avant le récit de l'institution sur les offrandes, sur le pain et le vin et la deuxième, après le récit de l'institution, sur l'assemblée qui célèbre, élargie à l'ensemble de l'Église et au monde. Ces deux éléments étant assurés, la forme compte peu. La première épiclèse conduit normalement au récit de l'institution et celui-ci, classiquement, à la deuxième épiclèse. Le tout se termine par la doxologie finale : « Par lui », etc. Celle-ci peut être dite par l'assemblée ou elle peut s'y associer par « l'amen » final. On peut alors, tous ensemble, dire le Notre Père.

La prière eucharistique peut également être actualisée de façon spécifique, lors des célébrations d'un mariage ou de premières communions, au moment de la préface où l'on rend grâce à Dieu en particulier pour la Création et pour Jésus-Christ.

Caractéristiques et signification de quelques éléments des célébrations de Saint-Merry

Deux éléments caractérisent les Eucharisties à Saint-Merry. Le premier est très facile à mettre en œuvre, c'est la communion généralisée au pain et au vin, répondant ainsi à l'invitation du rituel : « prenez et mangez » et « prenez et buvez ». Le deuxième consiste dans le fait que l'Eucharistie se déroule dans deux endroits différents : la liturgie de la Parole dans un

1. Justin de Naplouse, né au début du IIe siècle à Flavia Neapolis et mort à Rome vers 165, est l'auteur d'une première *Apologie* qui mentionne l'existence de « prophètes », de « diacres » et d'une « personne qui préside » les célébrations eucharistiques.

lieu proche de l'entrée/sortie et la liturgie eucharistique proprement dite dans le chœur de l'église, autour d'une grande table où sont déposées les offrandes du pain et du vin. Ceci entraîne un déplacement physique de l'assemblée, du lieu de la liturgie de la Parole au lieu de la liturgie eucharistique. Ce mouvement aussi a un sens spécifique. L'assemblée qui célèbre est poussée vers la table eucharistique par la Parole, proclamée dans un lieu précis. On passe ainsi de la table de la Parole à la table eucharistique, selon les dires du concile Vatican II.

En guise de conclusion

La liturgie doit se renouveler constamment par son enracinement dans l'actualité, sans faire de la nouveauté une obsession. Le propre du rite est la répétition, et cet aspect est inévitable. Et il faut respecter les incontournables de la liturgie. La liturgie est rituelle et l'aspect « répétition » en fait partie. Mais il y a une répétition créative et une autre du « toujours le même ». Comme toute tradition bien comprise, elle contient un élément répétitif et un autre d'innovation. Lors des célébrations spécifiques, chaque occasion est la raison d'une actualisation particulière. Il faut bien la saisir et faire l'actualisation adéquate.

On ne peut pas préjuger des évolutions de demain. Mais une attention accrue à ces deux éléments essentiels s'impose : répétition et innovation. Cela veut dire qu'il y aura toujours une tension entre la création/l'innovation et la répétition. Mais c'est la loi du rituel !

TROISIÈME PARTIE

UNE ÉGLISE AUX MULTIPLES VISAGES PAR L'ACCUEIL INCONDITIONNEL DES PERSONNES

Nous avons ouvert grand les portes de Saint-Merry pour accueillir la veille de la guerre du Golfe. Juifs, musulmans, bahaïs, bouddhistes, chrétiens... Ils sont venus très nombreux, prier ensemble, en hébreu, en arabe, en khmer, en français pour la paix dans le monde. Moment intense.

Geneviève P.

Ouverture, ouverture, ouverture... C'est l'Évangile !

Patrick A.

Notre association a eu des contacts avec le centre pastoral dès 2002 [...] à l'occasion de la Semaine de rencontres islamo-chrétiennes (SERIC). On peut citer cette merveilleuse soirée si poignante, organisée à la veille de la guerre contre l'Irak où, dans une église, paroles de paix et d'Espérance avaient été prononcées [...]. Ou encore ces concerts spirituels [...] ou la « Nuit des Débats » de 2016 enfin, sur le thème : « La laïcité est-elle compatible avec Dieu ? »

Groupe d'amitié islamo-chrétienne

L'ouverture de l'Église aux personnes qui sont « hors de l'aquarium » me semble une priorité absolue. Le Christ n'a fait que cela et a dit lui-même : « Je ne suis pas venu pour les "bien-portants" mais pour les malades. »

Geneviève P.-D.

Ce sont ces lieux du seuil qui redonnent à l'Église audace et créativité et la gardent du repli et de l'autosuffisance. Les supprimer est à contre-courant du sens de l'histoire et des exhortations de François.

Claudie B.

Mettre fin brusquement au Centre pastoral Saint-Merry, c'est ne pas reconnaître l'existence d'une Église postconciliaire, d'une Église accueillante à ceux qui sont en recherche, d'une Église proche de ceux qui en sont les plus éloignés.

Bernard L.

Je crois qu'aux portes du Royaume, nous ne sommes qu'accueillis, [...] chacun à bras ouverts, à cœur ouvert, et que les premiers à nous accueillir seront les Marie-Madeleine de la rue Saint-Denis, les migrants de la Méditerranée, les Roms et les sans-le-sou, les sans-morale – car Jésus n'a jamais fait la morale à quiconque – et tous mes amis artistes, mes amis gitans, mes amis musulmans et mes amis sans religion ou croyants d'autres religions, mes amis homosexuels, et « il » et « elle », les masculins et les féminins, les inclusives et les participes passés mal accordés, les imparfaits du subjonctif.

Agnès C.

Il est tellement important qu'il existe des lieux [...] pour être à la frange, la périphérie, le parvis, comme on préfère appeler ce lieu de rencontre, ces nations... La porte ne peut pas être fermée. [...] Comment l'Église peut-elle imaginer toucher la diversité du monde pour lui présenter Jésus, si elle ne se déplace pas ? Ne se réinvente pas? Va-t-elle devenir « l'obstacle » ?

Marie-Pascale M.

L'Église catholique montrera sa force dans son acceptation de la diversité... Elle doit être un lieu de dialogue, d'écoute et d'ouverture.

Olivier J., prêtre suisse

Parce que le maintien d'une proposition d'Église pour ceux qui se tiennent sur le parvis et sont toujours à la limite de partir est déterminante pour que l'Église soit authentiquement « catholique ».

Thierry Q.

Comme diacre, je ne peux être ministre d'un seuil bouclé, mais ouvert et bienveillant.

Michel S.

Fin 2002, [...] le groupe [d'animation spirituelle de l'association David et Jonathan] cherche un nouveau lieu et un renouveau pour sa prière mensuelle devenue un peu « moribonde » [...]. Sans y connaître personne, je me « pointe » un après-midi et fais part d'emblée de notre demande à un membre de la communauté Saint-Merry, qui me promet de la relayer. Quinze jours plus tard, [...] la réponse est « oui, à condition... ». Grosse angoisse ! « À condition que vous participiez à la vie de la communauté Saint-Merry. » Ce n'est donc pas une église qu'on nous prête mais une communauté qui nous accueille, quelle chance !

Jean-Philippe B.

Il serait vraiment dans l'esprit de l'Évangile de multiplier de tels lieux de libération de foi pour tous les amis dispersés de notre frère Jésus. Tous ceux dont l'institution cultuelle sait si mal entendre et donc accueillir les différences. Tous ceux à qui le langage liturgique canoniquement convenu parle si peu. Tous ceux qu'une tradition fermée et attardée ne rejoint pas sur de nouveaux chemins pour aujourd'hui et pour demain.

Michel D., prêtre du diocèse de Saint-Denis

Ce lieu est nécessaire par l'appui qu'il apporte aux « proscrits ».

Mireille U.

Saint-Merry est le seul lieu d'où je peux entendre la Parole en me sentant à ma place, au bord du banc. Ailleurs on me parle avec des mots qui présupposent mon adhésion et me font fuir. Je ne sais plus où aller.

Nathalie H.

Hôte de passage de Saint-Merry, j'ai pu partager quelques « moments » d'une Église où la liberté de pensée et de parole, le rassemblement de tous quelles que soient leurs histoires de vie, leurs amours et sexualités, les blessures que leur a infligées l'institution, la célébration où tous sont « prêtres », le sacrement du frère inséparable du sacrement, étaient possibles. [...] Résistance est le seul mot qui convienne. Résistance au conservatisme qui veut une Église et des fidèles conformes au modèle que l'épiscopat français projette, résistance au retour en arrière qui ne veut en rien tenir compte de l'expérience, des cheminements, des attentes des laïcs ne rentrant pas dans les « cases » définies du « bon catholique ». Je me suis souvent trouvé à Saint-Merry, trouvé, retrouvé et je rends grâce à cette Église-là et veux qu'elle poursuive.

Patrice D.-C.

I

Une Église polyédrique

PAR FRANÇOIS EUVÉ[1]

NOUS sentons bien aujourd'hui la nécessité de repenser l'Église dans nos sociétés occidentales en évolution rapide et incertaine. De nombreux phénomènes contribuent à faire du christianisme une instance à la fois étrange (on parle d'« ex culturation ») et attendue. Beaucoup se détournent d'un christianisme qu'ils pensent dogmatique et normatif, mais d'autres, pas nécessairement moins nombreux, soupçonnent que la tradition chrétienne recèle des ressources aptes à éclairer le chemin tâtonnant de l'humanité en quête d'un avenir « durable ». Cela suppose, de la part de l'Église, une capacité à entendre ces appels, en particulier le « cri de la terre » et le « cri des pauvres », selon l'expression de *Laudato si'*. La situation présente nous invite à redécouvrir que la nature de l'Église s'identifie, comme dans les premiers temps, avec son activité missionnaire. La mission devient le critère directeur de la transformation de l'Église, qui ne peut se contenter de transposer à l'extérieur les doctrines élaborées à l'intérieur. Encore moins peut-elle rester centrée sur elle-même, se suffisant d'une vie communautaire à l'abri des courants multiples qui agitent la société. Le pape François

1. François Euvé est jésuite, rédacteur en chef de la revue *Études*, professeur de théologie au Centre Sèvres à Paris.

parle d'une Église « en sortie » pour inviter au décentrement et manifester « la capacité des chrétiens et de leurs Églises à mettre l'Évangile du Règne de Dieu à la disposition de toute l'humanité et de toute la terre comme "ressource" salvatrice, au moment même où les hommes et les femmes habitant sur notre planète se trouvent confrontés à des défis d'une ampleur inédite[1] ».

Une figure affectionnée du pape est celle du « polyèdre », ce volume aux multiples facettes, qu'il contre-distingue de la sphère, forme plus régulière, en apparence plus harmonieuse par sa régularité, mais inapte à rendre compte de la multiplicité de ses composantes. Dans l'exhortation *Evangelii gaudium*, il écrit :

> Le modèle n'est pas la sphère, qui n'est pas supérieure aux parties, où chaque point est équidistant du centre et où il n'y a pas de différence entre un point et un autre. Le modèle est le polyèdre, qui reflète la confluence de tous les éléments partiels qui, en lui, conservent leur originalité. Tant l'action pastorale que l'action politique cherchent à recueillir dans ce polyèdre le meilleur de chacun. Y entrent les pauvres avec leur culture, leurs projets, et leurs propres potentialités. Même les personnes qui peuvent être critiquées pour leurs erreurs ont quelque chose à apporter qui ne doit pas être perdu (236).

C'est une manière de dire que tout le monde a quelque chose à apporter à la construction de l'Église, même les plus pauvres, autrement dit ceux qui, en apparence, sont dépourvus de tout ou croient qu'ils n'ont aucune contribution à apporter, et aussi – ce qui est plus surprenant – ceux « qui peuvent être critiqués », ceux dont les positions ne correspondent pas à la doctrine habituellement reçue ou dont le style de vie n'est pas conforme aux normes en vigueur. On peut y voir l'apport des

---

1. Christoph Theobald, *Urgences pastorales*, Bayard, Montrouge, 2017, p. 13. L'auteur invite à lire l'Évangile de Luc et les Actes des Apôtres comme une longue séquence où se rend visible le processus de la naissance de l'Église, un processus à recommencer sans cesse.

« périphéries », qui est nécessaire, à l'encontre de la tentation permanente de ne juger qu'à partir du centre. Le centre est la position occupée par les puissants et les savants. L'apport de chacun n'est pas défini par la distance où il ou elle se trouve par rapport à lui. Ceux qui en sont les plus proches ne sont pas nécessairement ceux qui ont le plus à apporter à la construction du règne de Dieu. L'Évangile nous l'avait déjà enseigné : « Les publicains et les prostituées vous précèdent dans le royaume de Dieu » (Mt 21, 31). Il arrive fréquemment que ceux qui se trouvent aux périphéries ou aux marges perçoivent des aspects de la réalité qui étaient restés cachés à ceux qui occupent la place centrale.

L'une des scènes fondatrices de l'Église est la rencontre de Pierre et du centurion Corneille. Elle est préparée par la vision qu'a eue le premier de la grande toile contenant les animaux impurs mélangés aux animaux purs. C'est dans la rencontre effective et le partage de la table qui la scelle qu'il réalise ce qui se joue précisément dans ce que le pape appelle le « sacrement de la rencontre ». De ce fait, Jésus-Christ est le « Seigneur de tous » (Ac 10, 36), ce qui rappelle Paul : « Dieu est impartial envers les personnes » (Ga 2, 6). Comme le commente Michel de Certeau, la « conversion réciproque de Pierre et du centurion [...] bouleverse les classements socioreligieux dans la mesure où Pierre est appelé à faire son prochain de celui qu'il tenait pour un autre[1] ». La rencontre du païen lui fait découvrir qui il est en vérité, ce qu'il ne savait pas avant la rencontre.

Cela plaide en faveur de la diversité, à l'encontre de l'homogénéité, de l'uniformité, de l'adoption d'un modèle unique. Chaque entité a sa valeur propre, qui ne dérive pas d'un modèle standard : « Le polyèdre où, en même temps que chacun est respecté dans sa valeur, "le tout est plus que la partie, et plus aussi que la simple somme de celles-ci" » (*Fratelli tutti*, 145). Dans la vie de l'Église, la tentation de l'uniformité a été fréquente à

1. Michel DE CERTEAU, *L'étranger*, Desclée de Brouwer, Paris, 1992, p. 84.

toutes les époques. La liturgie en donne des exemples éclairants. La diversité des rites est d'origine, mais l'unification autour de quelques grands centres et, ultimement, de Rome, a eu pour effet de promouvoir le rite du centre comme norme ou modèle pour les autres. Il suffira de rappeler la pénible affaire des rites chinois dans laquelle l'effort d'inculturation du père Matteo Ricci a été réduit à néant par l'instance romaine. Ce n'est pas fortuit que le pape François soit un admirateur de son confrère jésuite...

Mais cette diversité n'a pas de valeur en elle-même. Elle n'a de valeur qu'à entrer en relations mutuelles. Elle peut enrichir l'ensemble à condition que les entités se rencontrent et échangent les unes avec les autres. Le polyèdre n'est pas une accumulation de diversités. Il est un ensemble relié et non la juxtaposition d'entités multiples. Les composantes doivent entrer en relation, en dialogue mutuel, ce qui plaide pour une culture de la rencontre : « Le polyèdre représente une société où les différences coexistent en se complétant, en s'enrichissant et en s'éclairant réciproquement, même si cela implique des discussions et de la méfiance » (*Fratelli tutti*, 215).

C'est un processus qui peut ne pas être immédiatement productif. Il ne suffit pas de se rencontrer, ni même de s'écouter pour obtenir un résultat immédiat. Mettre en cohérence une multiplicité de points de vue est un processus de longue durée, qui nécessite souvent une grande patience de la part de toutes les parties en présence. C'est d'autant plus le cas que les entités sont diverses et peuvent se situer sur des positions en apparence opposées. La rencontre de l'autre, s'il est vraiment autre (celui que l'on ne peut pas intégrer dans ses schémas), est une démarche exigeante et souvent conflictuelle. De nombreux pièges jalonnent le chemin (jugements *a priori*, arguments d'autorité, tentatives de pression...). Des compromis sont possibles, mais à condition que les positions aient pu honnêtement s'exprimer. Cela demande initialement une écoute bienveillante, autrement dit une estime mutuelle, qui part du présupposé que l'autre (l'adversaire) peut apporter quelque chose de positif, quelque chose qui peut enrichir le débat et aider à parvenir à une position commune. Il faut se méfier en particulier de la projection sur l'autre d'images préalables à partir de clichés (quelques grandes catégories commodes dans lesquelles on fait rentrer les personnes). Cela suppose une confiance *a priori* dans une entente possible, même si, à vues humaines, on n'en voit pas encore clairement les contours.

Ceux qui gouvernent (qui se trouvent au centre) ont une responsabilité particulière. Le service de l'unité de l'ensemble suppose écoute, patience, respect de la diversité.

> Celui qui a la charge de gouverner est appelé à des renoncements permettant la rencontre ; et il recherche la convergence, au moins sur certaines questions. Il sait écouter le point de vue de l'autre, faisant en sorte que tout le monde ait de l'espace. Par des renoncements et de la patience, un gouvernant peut aider à créer ce magnifique polyèdre où tout le monde trouve une place (*Fratelli tutti*, 190).

Il ne reste qu'à mettre en œuvre ce programme…

II

L'accueil des personnes homosexuelles à Saint-Merry

Par Jean de Savigny[1]

Le traitement des homosexuels est l'exemple le plus cruel du paradoxe que constitue une Église qui, fondée par le défenseur des exclus de tous genres, n'a pas su être toujours pour eux un refuge et un recours face aux injustices qu'ils subissent du fait du sort ou de la société.

Pour tous ceux qui s'intéressent à la personne de Jésus, celui-ci apparaît comme mû par un réflexe de sympathie envers les pauvres, les malades, les étrangers, les mal-vus, bref tous ceux qui se trouvent sur le bord de la route. Il y a, de sa part, un mouvement spontané d'empathie qui se joue des interdits, prescriptions ou coutumes. S'il s'affirme respectueux des lois, il laisse d'abord parler son cœur.

Quiconque veut le suivre, et en premier lieu son Église, doit donc apprendre à voir, écouter, repérer ceux sur qui se seraient portées son attention et sa tendresse. Ce sera pour ses disciples un principe fondamental : ne jamais se sentir insouciant, à

1. Jean de Savigny est secrétaire général honoraire de l'AP-HP, ancien président de Chrétiens et sida, et auteur de *Quand les homosexuels interpellent l'Église* (À Vrai Lire, 2019). Il est membre de la communauté du Centre pastoral Saint-Merry.

l'aise, en règle, sûr de son bon droit, dans une société qui produit de l'exclusion (ce qui est le cas de toutes les sociétés).

Or, depuis toujours, les homosexuels ont subi injustices et souffrances, dans une indifférence quasi générale, y compris des chrétiens. Pire, l'Église, se conformant plus ou moins consciemment à l'opinion commune, n'a jamais manqué de trouver des arguments qui allaient régulièrement justifier le rejet de ces personnes « vivant dans le péché » et les placer cruellement dans une situation doublement préjudiciable : rejetées par le corps social et condamnées par les représentants de Dieu, autant pour ce qu'elles sont que pour ce qu'elles font (ou sont supposées faire).

C'est pourquoi l'un des points les plus sensibles de la mission d'ouverture donnée par le cardinal Marty au Centre pastoral Halles-Beaubourg intéressait l'accueil de ces populations. L'aventure commença lorsque le curé, sollicité par l'association David et Jonathan qui regroupe des homosexuels chrétiens, accepta que fussent discrètement célébrées des messes dans la crypte de l'église. Mais, rapidement, cette clandestinité ne satisfit ni la communauté de Saint-Merry, ni les membres de l'association. Les responsables du centre pastoral firent alors un pas décisif : nous ne souhaitons plus seulement que vous vous sentiez accueillis ; nous souhaitons que vous participiez activement à la vie de notre communauté et que vous vous joigniez à notre aventure.

Pas question, toutefois, de transformer le centre pastoral en quelque « *gay church* » ! Au contraire, la mesure de la réussite de cette décision était l'incorporation fraternelle des homosexuels dans la communauté, de sorte que les uns et les autres s'enrichissent de ce compagnonnage. Après plusieurs décennies, il apparaît que ce challenge est gagné : aujourd'hui, l'intégration est acquise ; l'arrivée des homosexuels a donné au centre pastoral une ouverture et un dynamisme appréciés par tous ses membres ; ils peuvent se retrouver parmi les responsables de la communauté ou au sein des groupes qui animent Saint-Merry sans que quiconque ne se soucie de connaître leur statut. « Il n'y a plus ni juif, ni grec, ni esclave » ; il n'y a que des enfants de Dieu. Concrètement, le signe le plus évident de la réussite de cette inclusion est l'invisibilité de la présence d'homosexuels dans la vie quotidienne de la communauté. Ceux-ci sont rétablis dans leur dignité de personne, appelés à exercer toutes les responsabilités sans considération de leur état.

Cela ne signifie pas que soit ignorée leur spécificité dans les pratiques du centre pastoral. Celui-ci est conscient de l'apport que représente le regard particulier que cette population peut porter sur les événements. Ainsi, le centre pastoral invite-t-il l'association David et Jonathan à animer une prière mensuelle ouverte à l'ensemble de la communauté.

De même, les parents homosexuels comme les couples d'homosexuels partagent-ils, avec les autres, les préparations au baptême ou au mariage. Leur présence donne à ces rencontres une dimension nouvelle, souvent inattendue, et une ouverture qui enrichit les échanges. Toutefois, soucieux de respecter les consignes de l'Église catholique dans laquelle le centre pastoral veille à s'inscrire strictement, le prêtre se contentera de bénir les couples homosexuels qui le souhaitent, même si les intéressés ne comprennent pas toujours les subtilités des raisonnements du Vatican, distinguant les situations selon qu'elles ouvrent ou non à un sacrement, alors qu'il s'agit dans tous les cas de couples chrétiens, conscients de leur engagement. Du moins, ce qui est vécu comme une anomalie est-il toujours l'occasion, dans ces préparations, d'approfondir ensemble la notion de sacrement.

Par ailleurs, la présence des homosexuels dans les groupes de travail de la communauté a permis en plusieurs occasions à celle-ci de contribuer aux recherches des théologiens et pasteurs sur la richesse de la diversité des situations à l'intérieur de l'Église, sur l'analyse des attitudes d'exclusion encore observées, notamment à l'égard des homosexuels, et sur des évolutions envisageables de la doctrine officielle actuelle, largement incomprise même parmi les fidèles. C'est ainsi que

Saint-Merry, se fondant sur sa propre expérience, a fourni une solide contribution à la préparation du synode de 2014-2015 sur la famille et n'hésite pas à réagir chaque fois que survient un événement où l'Église paraît manquer à sa mission à l'égard des exclus. Ce faisant, la communauté veille à se situer dans la ligne d'*Amoris laetitia* où le pape François recommande à chacun une attitude de miséricorde dans laquelle, plutôt que de rechercher qui est ou non dans une situation objective de péché (« Qui suis-je pour juger ? »), on ne prendra en compte que le désir de tous de « trouver le chemin pour grandir dans la vie de la grâce et dans la charité ».

QUATRIÈME PARTIE

UNE EXPÉRIENCE DE DIEU, SOURCE D'ENGAGEMENTS

Nous avons besoin d'une Église qui réveille et qui agit comme Jésus est allé au-devant des plus petits et comme Saint-Merry le fait depuis tant d'années. Continuons le chemin tracé par l'Évangile sans baisser les bras.

Djevelekova

La parole des prêtres, relayée par celle des fidèles les plus engagés, m'a aidée personnellement. Je souhaite que ces voix plus sensibles au besoin de spiritualité de notre temps puissent très vite se faire entendre pour que l'Église reste à l'écoute de tous au cœur de Paris. Leur capacité de dialogue ne peut être rejetée.

Jacqueline B.S.

Saint-Merry c'est plus qu'une expérience pour moi, c'est toute une vie de foi ! C'est un lieu ancré dans la vie : les plus défavorisés, les migrants, la culture, l'art… avec un œil sur le monde mais aussi l'accueil du tout-venant, et de ceux qui ne trouvent pas d'autre lieu pour vivre leur vie de chrétien.

Claire R.

Un lieu d'ouverture, de dialogue entre croyants et incroyants, d'accueil des migrants, de rencontres de communautés peu accueillies dans les paroisses. Qu'en sera-t-il de nos petites communautés de base qui trouvent accueil (ou refuge) au sein de notre Église ? Nous avons confiance en chacun.

Jean-Paul D.

Le CPHB, c'est l'accueil de l'autre : il fut à l'origine des Restos du cœur et, depuis quarante-cinq ans, du café-rencontre ouvert aux passants comme aux habitués. Saint-Merry, c'est côtoyer des personnes fortement engagées dans l'accueil des étrangers (la communauté paie le loyer d'une puis de deux familles exilées), Solidarités nouvelles face au chômage, Solidarités nouvelles pour le logement, SOS suicide, l'ACAT, les Morts de la rue, Habitat et humanisme, les associations Aimer et ACPE (Agir contre la prostitution enfantine), etc. Je connais des personnes bénévoles qui ont fait un travail formidable dans un partage d'une générosité peu commune.

Christiane B.

J'ai trouvé à Saint-Merry :

- *Une Église ancrée dans le quotidien de la société grâce à la diversité de ses membres, qui porte une solidarité concrète avec les gens d'ici et d'ailleurs, les immigrés, les chômeurs, les sans-logement, et non une parole moralisatrice désincarnée. La célébration du dimanche, préparée conjointement par prêtres et laïcs, en est toujours la traduction centrale.*
- *Un travail de solidarité internationale, notamment via la commission Partage.*
- *Un soutien à nos amis de Gaza.*

Isabelle M.

Nous écoutions et partagions la Parole.
Nous avions pris l'habitude d'y rencontrer les membres actifs de différentes associations : SNL, CCFD, entre autres.
Aller à Saint-Merry, à la messe de 11 h 15, c'était pour nous comme un bol d'air frais – un temps de rencontres et de partage –, c'était aussi comme une espérance que, peut-être un jour, d'autres paroisses ouvriraient ainsi grand leurs portes à tous !

Gilles D.

Saint-Merry, c'est une caisse de résonance. Le bateau devant l'orgue en témoigne. Les femmes prostituées informant de leurs revendications se sont rassemblées à Saint-Merry autour de leurs porte-parole, dans les années 1970, n'est-ce pas ? Les malades du sida ne pouvant communiquer avec leurs familles – cela arrivait à l'époque – ont trouvé un accueil à Saint-Merry, un accompagnement. Fin des années 1980, années 1990 : les expos ont fait venir un public varié et des artistes différents. Et depuis, la caisse de résonance continue de vibrer.

Pascale B.

Lors de la création des Restaurants du cœur en 1985, Coluche a été obligé de trouver une équipe très compétente pour assurer la gestion de son association et pouvoir la présenter pour obtenir les aides publiques. Quatre membres de Saint-Merry, Paul Houdart, Francis Bour, Jacques Mariette, Marie Dumas ont été sollicités et ont accepté de l'aider, vite rejoints par d'autres chrétiens de Saint-Merry.

Colette D.

I

« Aimez-vous les uns les autres » ou la solidarité dans le monde

PAR DANIELLE MÉRIAN[1]

J'AVAIS 7 ans en 1945 quand j'ai découvert les photographies des camps de concentration. Devant l'horreur nazie ma réaction a été immédiate : quand je serai grande, je ferai tout le contraire, j'aimerai mes frères humains et j'aiderai les plus malheureux comme je pourrai. Quand j'ai été grande, j'ai choisi de devenir avocate.

Ma jeunesse et celle de mon fiancé ont été ternies par la guerre d'Algérie. Aussi, quand nous avons rencontré Hélène Engel, la grand-mère protestante qui a créé l'Action des chrétiens pour l'abolition de la torture, notre engagement a été enthousiaste : enfin les chrétiens bougeaient. Hélène et son amie Edith du Tertre ont eu le culot d'aller frapper aux portes de tous les curés, tous les pasteurs, tous les popes : la torture, ça existe, nous sommes chrétiens, il faut agir ! Notre curé de l'époque a répondu : « C'est de la politique, voyez les Mérian ! »

1. Danielle Mérian est avocate honoraire du Barreau de Paris. Elle a consacré sa vie à la défense des droits humains : Action des chrétiens pour l'abolition de la torture (ACAT), Prisonniers sans frontières (PRSF), Parcours d'exil, SOS Africaines en danger (pour de jeunes réfugiées musulmanes ayant fui l'excision et le mariage forcé). Elle est membre de la communauté du Centre pastoral Saint-Merry.

Nous sommes devenues tout de suite amies intimes. Hélène m'a appris l'œcuménisme en action et l'audace. Sa philosophie était simple : c'est impossible, alors on va le faire. C'est devenu ma doctrine.

Mon meilleur souvenir : avoir vu, après trois ans de débats, étendre notre action à l'abolition des exécutions capitales.

Mon regret : que nous n'ayons pas été prophétiques. Cette décision est intervenue après l'abolition de la peine de mort par Mitterrand, peine de mort que j'ai commencé à combattre dès mon premier cours de procédure pénale. C'est encore un chrétien, Loup Monnot des Angles, qui m'a fait démissionner à 68 ans du Barreau. Loup, avocat honoraire, était président de Prisonniers sans frontières, association laïque mais bourrée de chrétiens, dont l'objet est l'amélioration des conditions de détention en Afrique de l'Ouest. Loup voulait que je vienne travailler avec lui et je me suis engagée dès que j'ai vu le premier film qui a été fait dans les prisons de nos anciennes colonies, sur la faim, la surpopulation.

Un beau succès : le programme P3/7, un programme sur trois ans dans sept pays où nous avons créé des jardins maraîchers pour répondre aux prisonniers qui nous demandaient « la sauce », c'est-à-dire le bouillon de légumes, pour agrémenter la boule de manioc qui leur était servie trois cent soixante-cinq jours par an.

Notre fierté : avoir obtenu des gouvernements qu'ils ordonnent, par décret, la constitution de comités de gestion dans les prisons pour gérer les jardins maraîchers, comités tripartites composés du directeur de la prison, d'un représentant de l'équipe de visiteurs et d'un représentant des prisonniers. J'étais très heureuse, en France, de dire que nous avions des leçons à prendre de l'Afrique. En France, j'ai combattu toute ma vie pour l'amélioration des conditions de vie en prison de nos frères délinquants qui, quels que soient leurs délits ou leurs crimes, ne doivent pas être réduits au seul méfait qu'ils ont commis un jour. Tous les aumôniers de prison vous diront les richesses spirituelles qu'ils ont rencontrées en beaucoup d'entre eux.

Notre plus belle « prestation » : avoir monté avec Bernard Bolze sur le parvis de l'Hôtel de Ville à Paris une cellule de 9 m^2 pour montrer ce que c'est que d'entasser quatre hommes dans un si petit espace. Les touristes nous demandaient si c'était une sculpture contemporaine, et les étudiants nous disaient : « Je ne me supporte déjà pas dans ma chambre de bonne, alors imaginer qu'on serait quatre ! »

En 2013, je suis devenue présidente de SOS Africaines en Danger, une petite association créée dans un centre de soins aux torturés dont j'étais vice-présidente, par de jeunes musulmanes réfugiées en France ayant fui l'excision et le mariage forcé enfant. Comme saint Thomas, si je ne voyais de mes yeux les cicatrices sur leurs corps je ne pouvais croire ce qu'elles disent avoir enduré. Elles sont très croyantes, mais nul ne leur dira jamais plus, et surtout pas leur père qui les a vendues, et surtout pas leur mari qui les a frappées, comment vivre leur religion. Je n'ai pas besoin de dire qu'elles ont jeté le voile aux orties. J'admire leur courage d'avoir choisi la fuite et elles me donnent du courage tous les jours. Elles prient pour moi, et je prie pour elles.

Après les attentats de 2015 au Bataclan et alentours, j'ai fait un appel à la fraternité avec les musulmans et beaucoup de jeunes m'ont chaleureusement remerciée. J'ai toujours beaucoup apprécié l'amitié transgénérationnelle.

Je dois beaucoup à Saint-Merry et au père Xavier de Chalendar que nous avons rencontré en 1980, quand nous avons emménagé dans le quartier. C'est à la célébration de 11 h 15 que nos enfants, alors adolescents, nous ont dit : « C'est ici une messe qui nous enrichit. » C'était une célébration où d'une part je me posais, et d'autre part je trouvais la force de continuer mes combats pour les droits humains. Je n'en parlais pas beaucoup mais j'ai tout de même fait à Saint-Merry une exposition pour Prisonniers sans frontières, et j'ai assez souvent présenté après la célébration l'appel du mois de l'ACAT.

Mon ami François Corpet, de Saint-Merry, est mort en léguant 50 000 € au diocèse et 150 000 € à notre communauté pour nos actions de solidarité internationale. Nous avons monté trois beaux projets au Sénégal, à Madagascar et à Gaza pour nos associations partenaires depuis des années.

Je m'enrichis aussi beaucoup en participant au comité de lecture de la Conférence catholique des baptisés francophones où nous lisons des théologiens de tous les coins du monde pour réfléchir à « comment annoncer l'Évangile dans le monde d'aujourd'hui ».

Je sais pourquoi je me lève chaque matin. Je commence par saluer les photographies d'Hélène Engel et de mon mari, décédés tous deux depuis longtemps. Et je leur dis : « Aujourd'hui, tu m'aides ! » Car je crois à la communion des saints.

II

Démarche spirituelle et engagement

Par Jean-Baptiste de Foucauld[1]

Il y a dans l'Évangile un texte particulièrement fort qui fonde l'engagement par le haut: c'est le fameux verset 40 du chapitre 25 de l'Évangile selon saint Mathieu: « En vérité, chaque fois que vous l'avez fait à l'un de ces plus petits qui sont mes frères, c'est à moi que vous l'avez fait. » Selon cette parabole, Dieu se révèle dans la personne qui souffre; aider cette personne c'est aider Dieu lui-même. On ne peut donc pas se détourner et la démarche spirituelle implique une présence à l'autre souffrant, la personne en difficulté revêtant une valeur divine et sacrée. Vision qui fonde la solidarité de manière transcendante et exigeante, et dont nos démocraties auraient tort de se priver.

La parabole très connue du bon Samaritain, si bien commentée par Paul Ricœur dans *Histoire et vérité*, la complète bien. On y voit un dissident se montrer plus secourable qu'un prêtre ou un lévite en prenant le temps d'un détour pour aider un blessé, puis en organisant et en contrôlant les soins dont il a besoin. Le Samaritain ne se contente pas d'un acte de charité ponctuel, il s'inquiète de la suite et s'engage dans la durée,

1. Jean-Baptiste de Foucauld est fondateur du Pacte civique et de Solidarités nouvelles face au chômage, président d'honneur de Démocratie et spiritualité.

puisqu'il reviendra demander des comptes à l'hôtelier à qui il a confié la victime des voleurs. Son acte altruiste se prolonge en un minimum d'organisation.

Ainsi, la tradition chrétienne nous fournit à la fois une vision des raisons et des conditions de l'engagement pour autrui. Elles ne sont pas si faciles à assimiler comme à mettre en œuvre de manière vivante et authentique, la nécessaire organisation pouvant s'avérer desséchante. Ce doit être une recherche permanente, une quête « aux marges ». Il me semble que c'est bien dans cet esprit que la communauté de Saint-Merry s'était investie dans un ensemble d'actions sociales, créant notamment assez vite un groupe de Solidarités nouvelles face au chômage[1], toujours en activité plus de trente ans après.

Il reste que cette tradition doit s'incarner et s'actualiser en permanence, dans chaque contexte historique. Que peut-elle aujourd'hui apporter pour résoudre les grands problèmes que rencontre aujourd'hui notre humanité ? De quels types d'engagements avons-nous particulièrement besoin ?

Notons tout d'abord que si les engagements se sont multipliés, ils reposent moins souvent sur une démarche spirituelle identifiée, préalable ou parallèle, cherchant à se concrétiser : ils sont motivés par l'indignation, la compassion, ou le souci de servir une cause déterminée qui tient à cœur. Ils ne sont plus liés à une vision du monde déterminée. Ils sont sûrement porteurs d'une forme de spiritualité, mais celle-ci n'est pas reconnue en tant que telle ; elle est comme absorbée par l'engagement lui-même, devenue invisible, voire inutile.

C'est un changement important car il n'en était pas ainsi il y a peu, notamment pendant les Trente Glorieuses. Les citoyens étaient alors engagés au service d'une vision globale du monde, liée à une religion ou une idéologie. L'engagement est alors considéré comme un devoir, c'est la conséquence naturelle de la vision du monde que l'on veut défendre, face

1. Cf. www.snc.asso.fr.

à d'autres visions du monde : cela donne naissance à des militants dévoués, voire héroïques, ne ménageant ni leurs peines ni les risques qu'ils prennent, capables si besoin de sacrifices. Cela a donné de magnifiques réalisations humaines dans les différentes cultures concernées.

Mais aujourd'hui, la nature de l'engagement a beaucoup changé, en lien avec les grands ébranlements de la fin du dernier siècle (les crises pétrolières, la mondialisation, la chute du communisme), du fait aussi de la perte d'influence des grandes idéologies porteuses de sens, et de la montée de l'individualisme. Les engagements sont devenus moins abstraits, plus ponctuels, plus concrets, plus précis, liés à une multiplicité de causes à défendre ou de combats à mener, avec le souci d'une efficacité mesurable. L'engagement paraît davantage lié à une sensibilité qu'à un devoir ; il exprime un besoin de reconnaissance personnelle et d'identité plus que le service anonyme d'une grande cause. Il relève souvent d'une volonté d'épanouissement là où il avait souvent un contenu sacrificiel. Il relève plus de la vocation que de la nécessité et n'est pas exempt d'individualisme concurrentiel.

On constate que cette belle diversité d'engagements, souvent innovants et de qualité, n'est pas à même de résoudre les problèmes auxquels l'humanité est aujourd'hui confrontée. Le genre humain s'unifie sans que cette unification ait été suffisamment préparée, tandis que la question écologique vient redoubler la problématique de l'exclusion et de l'inclusion, rendant encore plus aiguë la question du partage des richesses dans un monde marqué par l'avidité, alors qu'il est difficile de saisir les leviers du changement, puisque les causes des difficultés et les centres de décision sont éloignés de nous, tandis que les effets sont chez nous.

Nous avons besoin d'un nouvel âge de l'engagement caractérisé par une re-spiritualisation explicite de celui-ci : d'une nouvelle donne, d'une vision transformable en action, qui relie une multiplicité d'initiatives, remarquables prises séparément, mais qui sont trop dispersées pour constituer une masse critique suffisante susceptible de réorienter comme il faudrait le cours des choses. Nous avons besoin d'engagement dans la coopération et le lien, et de déployer une capacité de transformation globale qui mette en mouvement l'ensemble de la société de manière nouvelle, les canaux classiques du changement que sont la loi, le marché et l'exhortation morale ne suffisant plus. Dans un nouveau contexte, et avec de nouvelles valeurs, nous avons besoin de réinventer l'éducation populaire, de traiter l'intérêt général d'une nouvelle manière, et de trouver des mécanismes qui relient tous ces engagements dans un cadre unifié. D'engagements du troisième type en somme : ajouter aux formes actuelles de l'engagement quelque chose de plus qui les unit et leur donne plus de force et de profondeur. De reconstituer du global à l'âge de la globalisation.

À mon avis, ce « troisième âge de l'engagement », en quelque sorte, doit respecter plusieurs critères :

- L'engagement doit conjuguer ces trois cultures du développement humain[1] que sont : la résistance à l'inacceptable (qui implique du discernement), la régulation (essentielle pour maîtriser les grands équilibres sociaux) et l'utopie, qui est difficile à développer sur un plan global, mais a toute sa place au niveau local, d'autant que c'est elle qui, en définitive, donne sa coloration à la société. Ces trois cultures, on l'aura noté, sont profondément évangéliques et spirituelles.
- Les valeurs de référence doivent être davantage mises en avant, car ce sont elles qui fondent l'action, en limitent si besoin les dérives, et donnent leur assise aux politiques qui apparaissent nécessaires et qui ont besoin de s'appuyer sur elles. Au Pacte civique[2], nous mettons en avant la créativité, la sobriété, la justice et la fraternité ; ces quatre orientations,

1. Jean-Baptiste DE FOUCAULD, *L'abondance frugale. Pour une nouvelle solidarité*, Odile Jacob, Paris, 2010, chapitre 4.
2. Cf. pactecivique.fr.

de nature spirituelle même si cela n'est pas présenté ainsi, sont étroitement liées entre elles. La sobriété, notamment, n'est pas suffisamment présente dans le débat public : résorber le superflu, soit volontairement, soit par les règles collectives, est la condition pour permettre à chacun d'accéder à l'essentiel et pour trouver une solution à la crise écologique[1]. La question de la fraternité, de son contenu, est, elle aussi, soigneusement esquivée, alors que c'est l'un des trois piliers de la devise républicaine[2], essentiel pour créer une démocratie de relation et non de juxtaposition.

- Le déploiement de la capacité de transformation globale autour de ces valeurs suppose que changent « en même temps » les comportements personnels, le fonctionnement des diverses organisations, ainsi que le mode de construction, de mise en œuvre et d'évaluation des politiques publiques. C'est dans cette perspective qu'ont été élaborés les trois engagements de référence du Pacte civique.
- Ces divers engagements doivent être porteurs de sens et aller au-delà même des causes qu'ils défendent : mettre en œuvre, même implicitement, cette fécondation entre démocratie et spiritualité[3] qui est devenue essentielle ; les démocraties sont effectivement menacées en permanence d'individualisme, de matérialisme et de rationalisme, comme le disait Tocqueville. Les démocraties ont besoin de force morale pour réaliser leur projet, qui est ambitieux et même utopique s'il est pris au sérieux. À l'inverse, ceux qui portent les forces morales, notamment les religions, ont besoin de la démocratie pour ne pas tomber dans leurs penchants autoritaires. Ces liens entre

---

1. Cf. Le Pacte civique (sous la direction d'Élisabeth Javelaud), *Le choix des sobriétés. Des idées pour passer à l'action*, Éditions de l'Atelier, Ivry-sur-Seine, 2021.
2. D'autres systèmes de références sont évidemment possibles, tels les Objectifs du développement durable de l'ONU ou le Manifeste convivialiste (www.lesconvivialistes.org).
3. Voir à ce sujet www.democratieetspiritualite.org.

spiritualité et engagements doivent être davantage identifiés et cultivés, dans l'esprit de l'éducation populaire.

Par sa vision de l'engagement, tel que défini au début de ce propos, le christianisme a sûrement beaucoup à apporter à cette nécessaire métamorphose. Mais cela suppose, à mon avis, plusieurs conditions :

- la vision spirituelle du monde ne se transmettant plus mécaniquement, elle doit faire l'objet d'un travail personnel, être reconstruite et intériorisée en chacun à partir des textes fondateurs et de leur interprétation ;
- il y a besoin pour cela d'un travail en communauté, selon des formes à déterminer, sujet qui concerne les paroisses ;
- ce travail doit être éclairé par la liturgie participative qui fait advenir une parole venue d'ailleurs et qui permet l'intensification de l'intériorité par l'extériorité, un rééquilibrage nécessaire face à l'individualisme ;
- parallèlement, il faut reconnaître la valeur spirituelle de la démocratie et son apport essentiel au monde religieux, ce qu'il a du mal à admettre.

CINQUIÈME PARTIE

UNE COMMUNAUTÉ AUX VENTS DU MONDE

En 1975, le cardinal Marty initie le Centre pastoral Saint-Merry, mais également d'autres projets comme celui des Fraternités de Jérusalem à Saint-Gervais. Il s'agit alors de permettre à l'Église d'être pleinement au cœur de la ville, de se déployer sur ce que le pape François nomme les parvis, de se faire, à travers des projets aux nuances variées, proche de toute femme, de tout homme, quelle que soit sa condition, sa couleur, sa religion, son origine… autrement dit de s'incarner. Le Christ envoie ses disciples sur les routes de Galilée, hier comme aujourd'hui, et c'est bien là la mission du Centre.

Dominique R.

L'esprit insufflé à Saint-Merry était précurseur pour l'Église d'aujourd'hui et de demain, un esprit dont le pape François se fait l'ardent défenseur : une Église ouverte aux différences de sensibilité et dans l'ouverture au monde du XXIe siècle, en refusant toutes exclusions contraires à l'Évangile. Les lieux d'expérimentation comme Saint-Merry sont très précieux pour l'avenir de l'Église.

Emmanuel J.

Le Centre pastoral Saint-Merry est un lieu privilégié, à côté du centre Pompidou, pour créer un lien entre une Église ouverte et le monde contemporain. À garder absolument.

Jean V.

Il faut continuer avec cette mission pastorale car elle est humaniste, culturelle et établit un lien social indispensable dans ce temps.

Daria R.

J'y ai trouvé une annonce de l'Évangile qui me rend fière d'appartenir à une Église qui ne correspond pas à l'image traditionnelle transmise dans la presse, une Église ancrée dans le quotidien de la société grâce à la diversité de ses membres, qui porte une solidarité concrète avec les gens d'ici et d'ailleurs, les immigrés, les chômeurs, les sans-logement, et non une parole moralisatrice désincarnée. À l'heure où le pape prône l'ouverture au monde, nous continuerons à célébrer et à témoigner de l'Évangile.

Isabelle M.

Esprit d'ouverture à la population environnante, animée, cosmopolite, diverse, assoiffée de culture...

Bernard P.

Saint-Merry offre un lieu de recueillement unique où se relie tout un tissu social de la ville. Ses recherches et son ouverture au public, aux artistes et aux communautés variées ont inscrit l'Église dans le XXIe siècle.

Il faut absolument garder pérenne cette ouverture si on ne veut pas couper l'Église de tout un public renouvelé. Les valeurs de notre société sont en pleine mutation et l'Église ne doit pas se fermer à cette dynamique.

Sido R.

C'est un lieu ouvert où s'exprime la dimension universelle et la catholicité de l'Église.

Emmanuel L.

Porter la mission de l'Église au monde contemporain, témoigner de la Bonne Nouvelle. J'ai toujours considéré Saint-Merry comme un lieu où vit l'Église des baptisés, celle dont les participants se tiennent au cœur du monde, et cherchent à adorer « en Esprit et en vérité ».

Claire M.-R.

Le Centre pastoral Saint-Merry représente pour moi le symbole d'une Église ouverte sur le monde. Pas frileuse à l'idée d'accueillir des artistes porteurs de propositions, ouverte à la discussion, ouverte au public nouveau qui vient s'engouffrer dans les murs, ouverte à la jeunesse.

Hugo V.

La communauté est manifestement heureuse et chaleureuse, et tous les vents qui agitent le monde y sont accueillis sans crainte : le démenti à l'image bien établie d'une Église tournée vers le passé et la consolidation d'acquis fragilisés par la modernité.

Benoît R.

Il s'agit vraiment d'un centre pastoral ouvert, œcuménique, évangélique, où des chrétiens et parfois aussi d'autres personnes et familles de toutes origines, langues, conditions diverses écoutent, partagent, célèbrent, servent et témoignent la Bonne Nouvelle de Jésus fait homme pour réconcilier, libérer, sauver l'humanité.

Felipe R.

Faire pénétrer la vie du XXIe siècle dans l'Église [...] : c'est cela qui est inacceptable aux yeux de la hiérarchie catholique. Et c'est d'une incommensurable tristesse [...] et bêtise.

François C.

I

Une Église « trouée »

PAR ELENA LASIDA[1]

La notion de « trou » renvoie à l'idée de manque, de vide, de défaillance. Elle a naturellement une connotation négative. Je considère pourtant que sans « trou » il n'y a pas de vie possible. Le trou n'est pas une menace de mort mais, bien au contraire, une promesse de vie. Pour le montrer je partirai de trois réalités de « trous » très différentes : le trou du canon, le trou associé au handicap, le trou noir de l'espace. À partir de chacune de ces réalités, j'évoquerai trois trous que je considère salutaires pour l'Église à venir.

Le trou du canon

Un professeur d'artillerie demandait à ses étudiants où se trouve l'âme du canon[2]. Il expliquait que l'âme du canon est son trou, car le canon ne peut pas exister s'il n'a pas de trou. Le canon devrait ainsi se définir comme un trou avec du bronze

1. Elena Lasida est économiste, professeur à l'Institut catholique de Paris. Elle est membre de la communauté du Centre pastoral Saint-Merry.
2. Cette histoire est reprise du livre de Gabriel RINGLET, *L'évangile d'un libre penseur. Dieu serait-il laïque ?*, Albin Michel, coll. « Espaces libres », Paris, 2002.

autour. C'est le trou qui permet au canon de remplir sa fonction, c'est-à-dire de livrer passage.

Cette image pourrait nous inspirer pour penser l'Église : non pas par sa connotation guerrière mais, bien au contraire, par la vocation de « livrer passage ». En effet, on pourrait dire que la vocation de l'Église ne consiste pas tellement à « transmettre » un message mais plutôt à aider chaque personne et chaque communauté à faire l'expérience de la transcendance. L'Église crée un espace pour que chaque personne et chaque communauté puissent rentrer en communication avec Dieu. Plutôt que de communiquer un message, elle met en communication. Sa vocation est justement de faire passer, d'ouvrir au plus grand que soi, de lancer vers un ailleurs. De même que le canon défini comme un trou avec du bronze autour, on peut définir l'Église comme un trou avec des personnes autour. De même que le canon sans trou ne sert à rien, on peut dire que l'Église sans trou est un contresens, car elle deviendrait autocentrée, autoréférencée, autosuffisante.

Cette image d'une Église « trouée » résonne fortement avec l'invitation récurrente du pape François à devenir une « Église en sortie ». Or cette expression est souvent entendue comme une invitation à partir à la conquête du monde, une invitation à aller « faire des chrétiens », une invitation à porter l'Église jusqu'aux périphéries. Je pense, au contraire, que l'invitation vise exactement l'inverse : à devenir une Église capable de se décentrer, capable de reconnaître qu'elle ne sait pas tout, et capable d'aller « ailleurs », à la recherche de ce qui lui manque. Être une Église en sortie ne signifie pas d'aller vers la périphérie pour la ramener au centre mais, bien au contraire, de déplacer le centre vers la périphérie.

Dans ce sens, une Église « trouée » serait une Église qui livre passage, une Église qui est lieu de traversée et de mise en mouvement, une Église qui met en communication avec l'autre – l'autre, notre prochain et le radicalement Autre. Une Église « trouée » serait une Église qui accueille l'altérité et accepte de se laisser altérer par elle. Une Église « trouée » serait une Église qui fait de ses « trous » un lieu pour se laisser transformer. Un exemple de « trou » salutaire pour l'Église est l'écologie. L'enjeu écologique ne fait pas partie de ses domaines d'expertise. Poussée par l'encyclique *Laudato si'*, l'Église est sortie à la rencontre des personnes, des groupes, d'autres religions, en posture « d'apprenante » plutôt que de « donneuse de leçons ». Ces rencontres sont aujourd'hui une véritable promesse de vie nouvelle pour l'Église, à condition de se laisser « convertir » en profondeur.

Un trou dans la tête

Julie, jeune femme trisomique, explique son handicap en disant : « J'ai un trou dans la tête[1]. » Évidemment ce trou est source de souffrance pour Julie. Mais lors de ce magnifique entretien du film *L'épreuve des mots*, Julie montre que c'est son trou dans la tête qui la pousse à créer de l'interdépendance avec les autres. Lorsqu'à la fin de l'entretien, Anne – qui mène l'entretien – lui demande si elle veut ajouter quelque chose, Julie répond : « je veux parler avec toi ». Le « trou dans la tête » représente nos fragilités, visibles pour certains, invisibles pour d'autres. Fragilité sans laquelle il n'y a pas de relation possible. Tant qu'on n'est pas prêt à dévoiler sa fragilité, il n'y a pas de véritable relation créée.

Cette deuxième image de trou peut également inspirer l'Église. Sans trou, il n'y a pas de relation, il y a tout juste de l'échange de compétences. C'est le trou avoué qui crée de l'interdépendance. Une autre expression récurrente du pape François fait écho à cette expérience : celle de créer une « culture de la rencontre ». Pour lui, la rencontre n'est pas de l'ordre du simple bavardage, ni de l'échange utilitaire. La rencontre est de

1. Film *L'épreuve des mots*, réalisé par Nicolas Favreau, dans lequel Anne Chabert d'Hières s'entretient avec des personnes en situation de handicap mental.

l'ordre de la « visitation » : ces magnifiques retrouvailles entre Élisabeth et Marie (cf. Lc 1, 36-58) où la fragilité de chaque femme est reconnue par l'autre comme un trésor inouï. Élisabeth, trop âgée pour être enceinte, et Marie, tombée enceinte hors mariage : deux fragilités, deux situations hors norme, qui deviennent la promesse d'un monde nouveau, celui qui est chanté dans le Magnificat.

Une Église « trouée » serait ainsi une Église capable d'avouer « son trou dans la tête », ses fragilités et, de ce fait, en condition de devenir une Église de la rencontre, une Église de la visitation, une Église qui « se fait conversation[1] ». Un exemple de ce trou mobilisateur de rencontre est donné par la manière dont l'Église s'est progressivement laissée transformer par la pauvreté. La personne en situation de pauvreté, souvent réduite à un objet de charité, a été progressivement reconnue comme un être de relation, capable de donner autant que de recevoir. Cette révolution copernicienne, qui fait passer de la solidarité comme aide à la solidarité comme rencontre, n'est pourtant qu'à ses débuts.

Le trou noir de l'espace

Les astrophysiciens parlent de l'existence des « trous noirs » dans l'espace, créés par des étoiles déchirées. Ces trous noirs concentrent une force gravitationnelle énorme qui empêche de les voir à l'œil nu. Leur force d'attraction est si forte qu'elle attire et avale tout ce qui s'en approche d'un peu trop près. Certains scientifiques affirment que le Big Bang et l'univers qui en est issu pourraient être la conséquence de la formation d'un trou noir dans l'espace. Le « trou noir » est ainsi une image de

1. Paul VI, « Une Église qui se fait conversation », encyclique *Ecclesiam Suam*, du 6 août 1964.

la mort (étoiles déchirées ou avalées) et, à la fois, une image de la vie qui naît (création de l'univers et de la vie sur terre).

L'image du « trou noir » pourrait également inspirer l'Église. Plutôt qu'une lumière aveuglante, elle serait un trou noir capable d'engendrer de la vie. Sa force d'attraction ne conduirait pas à rentrer dans un moule, mais plutôt à devenir créateur. Et encore une fois, une autre expression récurrente du pape François résonne fortement avec cette image du « trou noir ». Le pape invite à « initier des processus plutôt que posséder des espaces[1] ». Il nous invite à commencer du nouveau plutôt qu'à seulement reproduire ce qui est connu. Or pour commencer du nouveau, il faut commencer par faire de l'espace vide. Pas de nouveauté possible dans le tout plein. Un projet qui illustre bien cette image d'une « Église trou noir » est celui proposé par Philippe Bacq et Christophe Theobald, appelé « pastorale d'engendrement »[2]. Face à une pastorale qui a été souvent pensée en termes d'encadrement, ils invitent à penser une pastorale qui engendre de la vie et de l'envie de vivre, une pastorale qui déploie en chacun sa capacité créatrice.

Une Église « trouée » serait ainsi une Église capable de « livrer passage », une Église capable de faire de sa fragilité un lieu de rencontre, une Église capable d'engendrer de nouveaux possibles. Voilà l'Église dont je rêve.

1. Voir notamment l'encyclique *Evangelii gaudium* (La joie de l'Évangile).
2. Philippe Bacq, Christoph Theobald, *Passeurs d'Évangile. Autour d'une pastorale d'engendrement*, Lumen Vitae/Novalis, Namur/Québec, 2008.

II

Une communauté pastorale en milieu urbain : quels défis ?

Par Jean-François Petit[1]

Pendant plus de quarante ans, une grande métropole mondiale comme Paris eut un fleuron diocésain très actif dans le domaine culturel et artistique, l'innovation liturgique, l'accueil inconditionnel : Saint-Merry[2]. Mais comment annoncer Jésus-Christ dans les grandes villes aujourd'hui ? La « conversion de la pastorale » souhaitée par le pape François ne paraît pouvoir être mise en place dans les mégapoles que par une sortie d'un ecclésiocentrisme de repli ou de refuge pour une conversion du regard : réfléchir à la pastorale urbaine suppose de partir non de la pastorale mais bien des transformations de l'urbain contemporain.

Dans son *Texte d'orientation pastorale* de 2015, la communauté de Saint-Merry avait pris conscience du problème, en cherchant à promouvoir « L'Évangile dans la ville », tout en cherchant aussi à mieux « penser la ville » dans l'église Saint-Merry[3]. Certes, il serait tentant de vouloir faire du lieu un

1. Jean-François Petit est assomptionniste, maître de conférences HDR en philosophie à l'Institut catholique de Paris. Il accompagne la communauté du Centre pastoral Saint-Merry.
2. Cf. plaquette de présentation du Centre pastoral Halles-Beaubourg.
3. Cf. texte d'orientation pastorale de 2015.

havre de paix dans ce centre hyperactif de Paris : le bâtiment, originaire en partie de la Renaissance, plusieurs fois remanié et magnifiquement restauré, parle en lui-même. Mais le risque serait grand de ne valoriser que sa dimension patrimoniale au détriment d'une sensibilité à son environnement urbain.

Pourtant, pendant des décennies, le projet aura été autre : des expositions artistiques itinérantes, conçues sur place, ont irrigué les lieux ecclésiaux susceptibles de les accueillir en France et à l'étranger. Beaucoup d'agents pastoraux, de France ou d'ailleurs, ont fait essaimer cette expérience, sans que Saint-Merry ne revendique un quelconque « droit de propriété ». Par ailleurs, de grandes manifestations parisiennes, comme « la Nuit blanche », ont permis à des milliers de personnes de participer à des performances artistiques dans un lieu qu'ils ne fréquentent jamais : une église.

En outre, la volonté du concile Vatican II de promouvoir sincèrement le dialogue interreligieux aura été prise au sérieux dans des « nuits sacrées » où différents groupes religieux ont pu être ensemble pour prier, conformément aux orientations des rencontres d'Assise voulues par le pape Jean-Paul II.

Enfin, pour favoriser l'accès à la culture, des concerts gratuits de musique classique ont drainé deux fois par semaine bien des gens, faisant du lieu une « pépinière » de jeunes artistes talentueux. Même chose pour les « Rendez-vous contemporains », Saint-Merry servant de « tremplin » à certains d'entre eux. Une programmation audacieuse en matière de musique contemporaine, non loin de l'IRCAM, l'Institut de recherche et coordination Acoustique/Musique, l'un des plus grands centres de recherche au monde se consacrant à la création musicale, avait trouvé sa place dans « l'écosystème » Saint-Merry.

Encore récemment, le pasteur Lapsley, l'ancien aumônier de l'ANC d'Afrique du Sud, de passage à Paris, était émerveillé par cette « pastorale de la culture » capable d'annoncer de façon non conformiste l'Évangile, sans chercher la moindre récupération prosélyte. Une présence d'été généreuse, juste à côté de Beaubourg, aura aussi su conquérir de nombreux touristes.

Néanmoins, on ne saurait vivre sur ces acquis. Depuis l'épidémie du coronavirus, le confinement n'a fait que renforcer « l'archipélisation » de la France, c'est-à-dire, selon l'analyste politique Jérôme Fourquet, le renforcement de sa fragmentation, alors que, justement, Saint-Merry se propose de se porter sur les « lignes de fractures de la société », en harmonie avec le souhait de Mgr Claverie, l'évêque dominicain d'Oran en Algérie, assassiné en 1996. Mais ces lignes de fracture ne passent-elles pas aussi à travers nos grands centres urbains, où riches et pauvres cohabitent aussi sans vraiment se rencontrer ? L'ex-culturation du catholicisme dans la société française et le repliement sur eux-mêmes d'une partie des chrétiens rendent périlleuses les tentatives comme celle de Saint-Merry, visant à déplier ce que « le temps et les habitudes auront durci », pour reprendre l'expression de l'historien Alphonse Dupront. Toutefois une mission renouvelée attend ses membres.

Ainsi, un petit groupe, sensible aux mutations de l'environnement autour de Saint-Merry, se sera réuni six fois de décembre 2018 à juin 2019 pour prendre en compte ces mutations. Il aura donné lieu à l'audition de personnes diverses, extérieures ou non à Saint-Merry, chrétiennes ou non, notamment un chercheur de l'IRI à Beaubourg, impliqué dans l'étude des sociabilités, et le président du conseil de quartier (auditionné après un colloque sur le futur arrondissement « Paris Centre »[1]), en parallèle à des contacts avec l'élue chargée du patrimoine, et le maire de l'arrondissement, Ariel Weil.

Cette réflexion aura été menée sur un périmètre élargi aux églises Saint-Eustache, Saint-Leu et Saint-Merry, mais prenant en compte tout le doyenné et au-delà (les églises Saint-Gervais, Notre-Dame de Bonne Nouvelle, Notre-Dame des

1. Colloque « Quels équilibres, quels enjeux pour Paris Centre ? », 30 mars 2019, organisé par la mairie de Paris.

Blancs-Manteaux), dans une conjoncture très particulière, née de l'incendie de la cathédrale Notre-Dame. L'attention aura délibérément été portée sur une pastorale qui puisse concerner largement toutes les personnes, celles qui passent, celles qui fréquentent le centre de Paris et pas seulement ses églises, pour mieux comprendre leurs modes de vie et écouter leurs aspirations multiples. Il semblait évident au groupe qu'il fallait même dépasser le concept de « paroisse d'élection », mieux prendre en compte une pastorale des « sensibilités » voire une « pastorale des flux » dans cet hypercentre de Paris.

À cet égard, l'expérience en cours de « Saint-Merry Hors-les-Murs » est emblématique des recompositions sociales et culturelles à grande échelle dans les mégapoles, où le « croire sans appartenir », selon l'expression de la sociologue Grace Davie, devient l'une des formes dominantes des croyances religieuses, au moment même où l'appareil ecclésiastique tente de faire resurgir des formes plus conventionnelles d'attachement à la foi dans des lieux gentrifiés des centres urbains, oscillant entre dévotion aux reliques et messes de guérison, alors qu'une pastorale « numérique » de qualité et de proximité s'imposerait.

Réfléchir de façon large sur la place des églises dans un périmètre urbain supposerait de ne pas être déconnecté des différentes fonctions (résidentielle, économique et commerciale, touristique, loisirs…) des grandes villes alors que, avant la pandémie, la sur-fréquentation de Paris-Centre semblait s'accentuer de façon inexorable.

En fait, une réinscription dans ce périmètre urbain supposerait de s'intéresser d'abord à tout ce qui bouge dans les quartiers d'un hypercentre en pleine mutation, en montrant ce qui change dans l'environnement, l'habitat, la scolarisation, le commerce, le tourisme, au moment où de grandes institutions structurantes (l'hôpital de l'Hôtel-Dieu ou le Palais de Justice, le centre Pompidou ou la fondation Pinault) sont en forte évolution.

En ce sens, le risque serait pour les églises de ne former que des « communautés hors sol », décrochées de leur environnement, alors que des contacts appropriés montrent une capacité d'engendrer une implication, certes ponctuelle mais durable, à la mesure de la diversité grandissante de tous les « chercheurs de sens » gravitant dans les centres-villes.

Ainsi, un projet pastoral doit rester lié à une réflexion sur le suivi du changement économique, social, culturel et scientifique – où le calcul est désormais largement préféré à la recherche de causalité. Il convient de s'interroger aussi sur les formes d'associations contributives (le développement des sciences participatives, l'observation des pratiques amateurs, de la diversité et des groupes) et les modes de socialité ; sans se focaliser uniquement sur les phénomènes religieux[1]. En conséquence, on ne peut qu'être particulièrement attentifs aux dynamiques de production des savoirs créés à partir de pratiques participatives en matière économique, éducative ou sociale.

De façon plus générale, on doit constater une disjonction grandissante entre travail (de plus en plus dans des *data centers*) et habitation. Cette vie « hors-sol » provoque souffrance et violence, les personnes manquant notamment d'ancrage territorial. Il faudra aussi être moins soucieux de « publics cibles » que de « pratiquants » d'un loisir, d'une forme d'engagement associatif ou culturel… qui y sont impliqués avec intensité.

Certes, dans l'environnement immédiat de Saint-Merry, il est indiscutable qu'un axe à dominante culturelle, allant de la fondation Pinault au centre Pompidou, va se renforcer. Mais en réalité, les changements urbains d'ensemble à prendre en compte sont beaucoup plus nombreux : le souci de l'usage et de la mixité des espaces dans la métropole parisienne, son réaménagement dans la perspective des jeux Olympiques et de l'Exposition universelle ou les évolutions nécessaires liées

1. Cf. Jean-François Petit, Vincent Puig, Vincent Laquais (dir.), *Boîtes noires et gilets jaunes. Regards croisés sur la socialité à l'ère de l'anthropocène*, L'Harmattan, Paris, 2019.

notamment au changement climatique ou au développement de la révolution numérique et de l'intelligence artificielle.

Pour l'heure, la communauté Saint-Merry Hors-les-Murs est devenue, par la force des choses, adepte du nomadisme religieux. Elle est le signe d'un christianisme urbain parisien éclaté, acculé à un risque de dissémination, alors que le temps des tâches spécifiques aux chrétiens est loin d'être terminé. Se défaire d'un mode de croire et de savoir pour apprendre à voir et à écouter, sans se focaliser sur des points de crispation ou des représentations périmées, n'est pas chose aisée. L'expérience du Centre pastoral Halles-Beaubourg ne devait-elle pas mourir pour que d'autres attestations lui succèdent et qu'un surcroît d'agir au nom de l'Évangile, aux marges de l'Église, prenne le relais ?

III

Construire une Église de fraternités

Par Alain Durand[1]

Beaucoup de croyants critiquent aujourd'hui l'institution ecclésiale : les traditionalistes ne rêvent que de la restaurer telle qu'elle fut avant Vatican II, et les partisans de l'ouverture trouvent que les réformes sont beaucoup trop lentes, voire décourageantes. Une chose est sûre : il ne peut pas y avoir Église s'il n'y a pas institution. Le danger est de réduire l'Évangile à l'institution comme si celle-ci devait avoir mainmise sur lui, ou de détacher l'Évangile de toute incarnation. Le spirituel ne peut durer que s'il s'inscrit dans la chair. L'institution est ce qui l'inscrit dans l'histoire[2].

La fraternité, cœur de l'Évangile

En dépit de toutes les critiques qui peuvent leur être adressées, les différentes Églises – catholique, orthodoxe, protestante – frémissent en leur sein de quelque chose qui relève du cœur et du feu de l'Évangile : la fraternité. Cette flamme peut vaciller, mais si elle est là, même imparfaitement, alors

1. Alain Durand est dominicain et théologien.
2. Cet article est une version abrégée d'un texte paru sous le même titre dans *Golias hebdo* 641, 8-14 octobre 2020.

l'Évangile est au centre et non à la frange. La fraternité ne peut pas être instrumentalisée ou réduite à son utilité sociale, ecclésiale ou missionnaire. Donc, si l'institution Église abrite quelque chose comme de la fraternité[1], il faut alors prendre garde à ce que nous faisons de l'institution. Il convient également de percevoir que cette fraternité des croyants, qui s'enracine dans la fraternité du Christ à notre égard, n'est pas seulement interne à l'institution Église, elle peut être disséminée partout à l'extérieur d'elle-même. Pour le croyant d'aujourd'hui, la fraternité déborde l'institution au point qu'il a le droit de s'estimer vivre en terre évangélique dans tous les lieux humains, y compris non religieux, et à plus forte raison non ecclésiaux, qui sont des lieux de fraternité humaine. Les communautés chrétiennes pourraient ainsi devenir des lieux de symbolisation de la fraternité disséminée dans le monde.

Ce qui intéresse au plus haut point le croyant dans l'institution, c'est le feu intérieur de la fraternité en Christ qui peut y être vécue. Il veillera donc tout particulièrement à ce que l'institution n'étouffe pas ce feu. Il pourra même tenter de la réformer pour qu'elle attise mieux ce feu. Mais la meilleure réforme possible n'est-elle pas de multiplier partout des fraternités de foi, en lien les unes avec les autres, soucieuses avant tout de la venue du Royaume ? Une Église constituée de fraternités à taille humaine, qui soient avant tout des lieux d'échange sur la Parole et d'interrogations sur le travail du Royaume dans la société, n'est-ce pas l'Église souhaitable aujourd'hui ? Si des ministères sont toujours utiles dans une telle situation, ce seront des « services de la fraternité », dépouillés de tout statut

---

1. Michel Dujarier a observé que durant les premiers siècles de l'Église et en plusieurs régions, le mot fraternité avait remplacé le mot Église. Voir ses études au contenu historique et théologique impressionnant : *L'ecclésiologie du Christ-frère aux huit premiers siècles*, tomes 1 et 2, Cerf, Paris, 2013 et 2016. Un troisième et dernier tome devrait paraître.

« hiérarchique »[1], choisis par les fidèles eux-mêmes pour faciliter le développement des liens de fraternité en communauté et hors communauté.

Des communautés de parole où prédomine l'échange

L'institution ecclésiale, vue du côté du développement de la fraternité, a pour fonction première d'assurer le lien entre les fraternités, ou communautés de croyants, car celles-ci ne peuvent pas vivre évangéliquement sans connexion les unes avec les autres. Cela suppose évidemment que ces communautés fraternelles existent, que tout croyant ait à cœur de les faire naître là où il vit. C'est la première urgence. Il ne s'agit donc pas de créer des paroisses de plus en plus grandes, dont la dimension est indexée sur le nombre toujours plus faible de prêtres, ce qui correspond à une vision essentiellement sacerdotale-cléricale de l'Église. Il s'agit de faire vivre des fraternités, et donc des entités de taille humaine. Comme le feu de la fraternité, qui est un don de l'Esprit Saint, ne circule pas seulement à l'intérieur de ces fraternités mais aussi entre elles, l'institution-Église est appelée à se transformer pour devenir une communion de communautés, ouverte à tout ce qui se vit de fraternité aussi bien en elles que dans le monde.

Ces mêmes communautés, en plus des pratiques individuelles de leurs membres, choisiraient elles-mêmes tel ou tel secteur privilégié d'intervention commune pour y faire progresser la justice et le respect inconditionnel de tout être humain. C'est aussi de cette façon qu'une communauté se doit, en tant

1. Dans le Nouveau Testament, le mot grec *hiereus* (en latin *sacerdos*), qui a donné notre mot hiérarchie est appliqué soit au Christ, soit à l'ensemble des baptisés. Il ne désigne jamais un corps constitué de responsables. C'est pourquoi il est possible de parler d'Église sans hiérarchie, mais non pas sans ministres.

que telle, de participer à la dynamique du Royaume de Dieu à l'œuvre ici et maintenant.

Réinventer les ministères

Il me paraît fondamental aujourd'hui de repenser l'Église à partir de cette base faite de communautés à taille humaine, qui soient d'abord et avant tout des lieux d'échange sur la foi et de compréhension du message évangélique. C'est aussi pourquoi notre première tâche est de faire naître de telles communautés. La question des célébrations eucharistiques y serait subordonnée à la pratique de la Parole et de l'échange, et non pas traitée comme un « en-soi » indispensable et prioritaire, source quasi automatique de grâces. Traditionnellement, c'est la Parole qui précède et permet le sacrement. En d'autres termes, la foi naît de la Parole (cf. Rm 10, 17) et non pas des sacrements.

Quant aux ministères, ils seraient évidemment à repenser à partir de ces communautés. Celles-ci pourraient choisir leurs ministres, comme cela s'est déjà fait dans l'histoire de l'Église, y compris pour des évêques. Les ministres pourraient être choisis pour une durée déterminée. Quant à la présidence de la célébration eucharistique, à aucun moment elle ne devrait dissimuler le fait que c'est tout le peuple qui est sacerdotal. La personne qui préside l'Eucharistie n'est pas dotée d'un sacerdoce différent de celui du peuple[1]. Le lien fondamental qui existe entre la communion eucharistique et la communion de toutes les Églises devra aussi trouver son expression propre : actuellement, il se réalise par la reconnaissance du président de l'eucharistie au-delà des limites de la seule Église locale qui célèbre. Cette reconnaissance s'exprime traditionnellement

1. Tel est le point de vue soutenu par le théologien Hervé Legrand dans ses annexes historiques et théologiques dans Michel CAMDESSUS, *Transformer l'Église catholique*, Bayard, Montrouge, 2020.

dans « l'ordination », ce qui ne signifie pas recevoir un pouvoir sacré que les autres n'auraient pas, mais être reconnu apte à être « ordonné à », c'est-à-dire « destiné à » la présidence d'une célébration qui n'est pas un acte isolé mais reconnu par d'autres Églises sœurs comme étant le repas partagé en mémoire de Jésus. Un ministère assurant le lien de communion entre communautés, un ministère de l'unité dans la diversité sera toujours nécessaire et pourrait s'exercer selon des modalités autres que celles d'un « pouvoir sacerdotal hiérarchique ».

Ces quelques remarques n'ont évidemment pas la prétention d'être suffisantes pour construire une Église qui serait une communion de communautés à taille humaine. Elles ne constituent qu'un début très fragmentaire de réflexion et laissent donc beaucoup de questions ouvertes[1].

Le danger de l'élitisme

Le danger de cette façon de vivre l'Église sous la forme de communautés à taille humaine serait d'être élitiste. Le danger est bien réel. Les communautés fonctionnent beaucoup sur l'accès de leurs membres à la parole et l'expérience montre que cet accès est inégalitaire et que les plus démunis peuvent se sentir en situation de marginalité. Tout le monde a pu faire l'expérience que ceux qui ont la parole facile peuvent, sans même le vouloir, empêcher les autres de s'exprimer. Cependant, il ne faut pas oublier que de petites communautés de partage évangélique existent pour des personnes issues du quart-monde, et que ces personnes « font Église » et prennent part à la communion des communautés.

1. Il conviendrait évidemment que nos communautés s'interrogent davantage sur les expériences d'autres Églises : je pense tout particulièrement à l'expérience des communautés de base latino-américaines.

Quant au rôle joué par les structures paroissiales traditionnelles, il mérite aussi d'être pris en compte et respecté dans la mesure où elles restent des lieux où le « tout venant » peut passer, participer, chanter ou se taire, rester éventuellement sur le parvis, regarder en curieux, s'en aller sans qu'on ne lui demande rien, créer aussi de nouveaux contacts avec les autres… Sans être un idéal, une institution qui autorise ces divers comportements assure une fonction qui n'est pas méprisable par les temps qui courent, même si elle est en déclin. Des initiatives liturgiques et missionnaires peuvent y être prises parfois. Tant qu'il y a preneurs, il n'y a pas lieu de mépriser le système paroissial puisque des croyants s'y retrouvent. Il peut même être utile d'y prôner des réformes, liturgiques ou missionnaires. Ce sont des lieux où les laïcs, s'ils ont accès à une vraie autonomie, peuvent aussi intervenir et contribuer à décléricaliser l'institution, du moins si on les laisse faire. Elles peuvent aussi être des lieux qui seraient utiles pour le regroupement des petites communautés célébrant de temps à autre toutes ensemble la mort et la résurrection du Christ. Une règle de conduite me semble précieuse par respect non des paroisses mais des « paroissiens » : il ne convient pas de souffler sur la mèche qui brûle encore. Mais la vraie vie n'est-elle pas en train de naître et de s'épanouir ailleurs ?

SIXIÈME PARTIE

L'ART CONTEMPORAIN : UNE LUMIÈRE VIVE POUR NOTRE FOI

Qui d'autre osera installer une barque de migrants dans un lieu ouvert à tous ? « Il nous faut des fous. » (L.J. Lebret)

Christine J.L.

Saint-Merry est pour moi « le lieu de l'art vivant » au sens où ce qui y est entrepris résulte de la rencontre entre un « peuple » et une création contemporaine. Je suis un membre de ce « peuple », de ce public, pour qui la confrontation des présences simultanées du spirituel et de l'artistique n'a lieu, à ma connaissance, que dans cet écrin. [...] Par son engagement résolument actif, Saint-Merry est pour moi aujourd'hui LA passerelle accessible aux publics entre le spirituel et l'artistique à Paris.

François K., architecte

C'était pour moi une expérience unique de participer à une exposition collective au sein de l'église Saint-Merry et ainsi pouvoir intervenir* in situ *et y questionner directement notre rapport au spirituel, au virtuel et au réel au sein d'un contexte bien particulier et singulier qu'est l'église Saint-Merry et à une époque aussi tourmentée que provoque la pandémie de 2020.
Car l'art est partout, surtout là où on ne l'attend peut-être plus à notre époque. [...]
Au moment où tous les espaces culturels étaient fermés, les églises étaient ouvertes et permettaient ainsi d'entretenir ce lien vital entre les artistes et leur public.

Rero, artiste

**En 2012, j'ai été invitée à élaborer un projet artistique dans l'église Saint-Merry. La préoccupation pour le lieu, les gens et l'atmosphère m'ont également conduite à une nouvelle interrogation sur ma relation à la foi.
Ce fut un grand événement pour moi de faire briller dans l'église l'une de mes sculptures transparentes, légères et lumineuses.
Les œuvres transparentes sont prédestinées à « parler » d'une présence intangible mais très forte.
Dans son silence et son présent translucide, l'œuvre émettait de la lumière et captait et reflétait la lumière. […]
L'art traite de la vie, de son origine et de son sens.
L'église est un lieu qui correspond très bien à la formulation de ces questions, pour la dignité humaine, pour le sublime.**

Victorine M.

Des catholiques de gauche et humanistes qui accueillent la (jeune notamment) création contemporaine et de belles dynamiques œcuméniques, en ces temps de montée en puissance des obscurantismes, ça mérite d'être soutenu !

Baptiste J.

« Aux vents du monde », tel était le titre de notre premier enregistrement des chants composés à Saint-Merry (il y aura trois autres CD par la suite).
Car Saint-Merry a été pour moi, et pour quelques autres (avec une mention spéciale à Léandre Boldrini pour toutes ses musiques inspirées), un lieu unique dans la mesure où il m'a permis de participer à la création liturgique. Mais l'écriture des chants ne fut jamais que l'expression de ce qu'échangeaient les membres de la communauté lors des préparations ou l'écho des prises de parole dominicales. Ces mots de la foi ne reflètent pas seulement d'abord la mienne mais bien celle des priants et des témoins du dimanche. […]
C'est pourquoi je rends grâce d'avoir pu vivre cette expérience si forte, de l'avoir partagée avec beaucoup d'autres à travers la France lors de nombreux week-ends de rencontre.

Alain C.

Oui, Saint-Merry est sur « un chemin de vérité, de vie » dans l'esprit de Vatican II et de François. Tous les reportages que j'ai réalisés avec Jacques et Daniel principalement (« À l'ombre du ciel », « Nuits blanches », « Nuits sacrées », « Une semaine à voir »...) montrent cette créativité et l'accueil de l'Autre dans sa diversité et dans une périphérie en grande attente de ce « style pastoral » qui émane de la Bonne Nouvelle.

Clément G.

Lors de la dernière Nuit blanche intitulée « Zen Garden » [...], j'ai pris le temps d'écouter les propos de ceux qui venaient participer à l'événement. Le public était visiblement touché par l'installation dans la nef. Mais j'ai surtout retenu ce propos d'une jeune fille d'une vingtaine d'années : « Quand on vient à Saint-Merry, on n'est jamais déçu. » Les battants de la grande porte de l'église étaient grands ouverts. Le vent et le public s'engouffraient dans la nef. La magie opérait. L'identité de l'église semblait rayonner dans cette rencontre forte avec toutes ces personnes. Seules durent les pensées qui unissent. La voie isolée est sombre.

Victorine M.

Une exposition à Saint-Merry m'a permis de confronter mon travail à la beauté des lieux et de dévoiler l'aspect pictural de mes photographies. Participer ainsi à la vie du centre pastoral a recentré le partage avec le public sur les valeurs que portent mes images. Une œuvre d'art porte sens, s'inscrit dans une démarche, elle nous porte à une réflexion sur l'homme, sur notre relation aux autres.

Nicolas H.

Je garde le vif souvenir d'un accueil et d'une générosité réels lors de ma lecture du livre *Presque le ciel* avec Pierre Fesquet et Michael Lonsdale, avec l'exposition des gravures (crucifixions) de Carole Texier, en présence d'Anne Facérias et Francis Coffinet.

Jean-Gabriel C.

Cette église, à la porte toujours grande ouverte, à l'accueil musical hebdomadaire si propice à la convivialité, aux initiatives ecclésiales si nombreuses et proprement évangéliques est, au centre de Paris, une lumière vive de la foi chrétienne.

Pierre Y.

On peut rappeler le travail de sensibilisation de la communauté à l'art contemporain, à son évolution, et à l'importance de l'accueil des artistes de notre temps. Des artistes jeunes le plus souvent, qui apportent leur sensibilité au monde d'aujourd'hui. Quelle serait notre foi si elle n'intégrait pas ce que vivent nos contemporains, ce que les artistes par leur sensibilité nous en disent ? Cela a été apprécié par les personnes qui assurent l'accueil journalier dans l'église. Les expositions sont une belle opportunité pour le dialogue avec les visiteurs.

Marie-Jo L.

Exposée cet été à Saint-Merry, « Cyanotype – Célébrer la Cène au 24e jour de confinement » prend aujourd'hui une résonance particulière. Damien et moi avons réalisé cette photographie au cyanotype sur une toile de 5 m de long alors que les lieux de culte étaient fermés. Photo-graphier, c'est écrire avec la lumière, ce cyanotype est l'empreinte lumineuse de cette table dressée dans la lumière du jeudi saint 2020. Les assiettes et la coupe ont été enlevées et révèlent leur trace lumineuse. Aujourd'hui la communauté ne peut plus célébrer l'Eucharistie, mais il reste sur cette nappe la trace bien vivante de ce qui se partage depuis quarante-cinq années à Saint-Merry.

Pascale P.

I

L'art contemporain en plus : témoin de quoi ?

PAR MICHEL MICHEAU[1]

QUI peut mieux parler des arts visuels à Saint-Merry que les artistes eux-mêmes ? Mais si on avait aussi recueilli les paroles de ceux qui ont visité la centaine d'expositions depuis quinze ans, les impressions des milliers de visiteurs des Nuits blanches, leur témoignage aurait probablement eu des tonalités proches. L'art suscitait des émotions fortes, ouvrait au questionnement et engendrait de multiples expériences personnelles de spiritualité et d'intériorité.

Par sa manière de faire ainsi une place à l'art sous toutes ses dimensions, Saint-Merry a donné une image de l'Église inusitée, soucieuse de liberté, d'écoute, d'ouverture sans condition. Ce bâtiment historique du XVIe siècle, marqué par les fatigues du temps, situé face au centre Georges Pompidou, en plein cœur d'une métropole bouillonnante de culture, est un lieu particulier avec ses cinq à huit mille personnes passant chaque jour devant ses portes avant la pandémie. Fin mars 2021, le responsable du Conseil de quartier, témoin attentif aux effets

1. Michel Micheau est ingénieur-urbaniste, commissaire des expositions dans l'église Saint-Merry, coordinateur du Collège des arts visuels, chroniqueur pour l'art contemporain sur le site de Saint-Merry Hors-les-Murs, administrateur du Socle Paris (Programme de la ville de Paris), responsable du réseau Voir et dire.

urbains de cette dynamique de l'art, interpellait les responsables locaux de l'église :

> Vous oubliez également que cette église appartient à une communauté humaine qui n'est pas seulement celle des quelques dizaines de personnes qui assistent à vos offices, mais s'étend à tous ceux, croyants ou non, qui entrent et se recueillent pour y trouver une paix intérieure. Elle appartient au quartier, à la ville, au monde.

L'art et les artistes contribueraient-ils à déposséder l'Église d'une image prégnante ou dépassée dans un monde sécularisé, fracturé de partout ? Ce serait alors une excellente nouvelle !

Il existe dans l'Église des formes différentes du rapport à l'art : des grands discours des papes ou des autorités locales – où souvent la recherche du beau va de pair avec l'accès à Dieu –, aux dialogues avec les grandes institutions publiques et privées – affirmant une légitimité d'Église à être présente dans le débat culturel – en passant par la commande.

Saint-Merry, pour sa pratique, bénéficie d'une image positive et son approche s'ancre dans la fidélité à la lettre de mission du cardinal Marty : celui-ci avait lié le service de prière au dialogue culturel et il insistait sur la dimension recherche. En allant à l'essentiel, il n'avait pas souhaité aborder la question des moyens et des modalités, laissant chacune des paroisses du centre de Paris à sa responsabilité et aux traditions qu'elle pourrait inventer.

S'inscrivant dans un temps long, sans préalable surplombant, théologique ou catéchétique, l'art à Saint-Merry a changé plusieurs fois de visage, car le contexte de la culture a été bouleversé, car la communauté et ses responsables (curés et laïcs) ont fait évoluer leur projet d'église locale, car les publics et leurs sensibilités ont changé – notamment du fait de l'internationalisation et du tourisme culturel. Progressivement, les intuitions, les processus se sont polarisés autour de la relation aux artistes ;

Saint-Merry est devenu un fragile « écosystème cultuel et culturel », encouragé même à prendre les risques de la modernité par les vicaires épiscopaux.

Les expressions contemporaines de l'art (visuel mais aussi sonore et vivant) se glissent dans les formes patrimoniales, voire prennent appui dessus. Elles ont quatre singularités : elles sont temporaires (trois à six semaines), alors que les églises privilégient les œuvres pérennes ou ayant fait l'objet de commande ; elles n'occupent pas une partie réservée dans l'église, c'est tout le bâtiment qui les accueille ; les liturgies se déroulent selon leur nature en différents espaces, intégrant la présence des œuvres, voire associant les artistes ; ces derniers ne sont généralement pas en galerie, le passage par Saint-Merry est vécu par eux comme essentiel dans leur trajectoire.

Si les débats ont été vifs, rien n'a été théorisé *a priori*, ou ne s'est figé dans un art encadré dans des espaces et formes immuables de célébration. Ce sont les artistes qui expriment leur désir d'accrochage, puis découvrent un bâtiment d'église, et enfin dialoguent avec l'équipe en charge de l'art qui les accompagne ou les stimule. Il en résulte un regard respectueux et toujours neuf sur l'espace, ce qui contribue à une impression de liberté, de créativité, d'ouverture à des sensibilités multiples, à l'image des grandes portes rouges donnant sur la rue Saint-Martin.

De la rue, il est possible de voir à la fois la grande gloire dorée de Slodtz (1758), mais aussi des œuvres créées pour la nef même, ou placées dans le transept et les bas-côtés. Cette liberté d'installation offerte par la communauté rencontre la liberté de création des artistes, mais elle dérange les contempteurs tenant d'une vision très ferme du sacré et de ses espaces. Les artistes affirment leur foi artistique, les croyants impliqués dans le lieu y répondent par leur interprétation des œuvres, en analogie avec la liberté prise dans les commentaires des textes bibliques. Quand le dialogue est finement ajusté, quand l'alchimie avec l'architecture se produit, l'art devient un chemin de spiritualité, de questionnement et d'intériorité.

Les relations humaines jouent un rôle essentiel dans cet équilibre patiemment construit ; tout d'abord au sein de la communauté qui a mûri, mais aussi vieilli, durant de nombreuses années, initialement déconcertée par des audaces, avant d'être sensible au sens des œuvres, et de les considérer comme un moment où leur foi est ravivée. La tension, voire le rejet, n'a pas pour autant disparu, car l'art contemporain mobilise des symboles et peut diviser, dans un bâtiment saturé en œuvres du passé, immuables, donc rassurantes dans une société du mouvement permanent.

Qui dit relation, dit nécessité de confiance entre, premièrement, ceux qui conçoivent et mettent en œuvre ; deuxièmement, les deux communautés (le centre pastoral et la paroisse) ; troisièmement, ses curés successifs dans leur relation avec les équipes de laïcs, défendant un principe de coresponsabilité ; et enfin bien sûr la hiérarchie. La confiance a été refusée en 2019 pour la musique contemporaine, et c'est tout un pan de la jeunesse urbaine qui s'est brusquement éloignée alors qu'elle trouvait dans ce lieu une brèche, une image positive de l'Église. La confiance a été mise en suspens dans les arts visuels quand Saint-Merry accueillait des médias non habituels (lors des Nuits blanches notamment) trop liés au monde extérieur. Or, ce furent très souvent des réussites auxquelles les directions culturelles de la ville, conscientes de la position du bâtiment dans le réseau urbain central, apportèrent un appui financièrement décisif.

Pas de confiance solide sans longue période de maturation des projets avec les artistes, où l'on apprend à se connaître. C'est ainsi qu'une instance a joué un rôle essentiel : le Collège des arts visuels, chargé de définir les Appels à projets et de choisir les artistes, de proposer un art inédit, non pas de l'art sacré et exceptionnellement de l'art religieux (don du tableau *Merry Cathedral* en 2015), mais des œuvres à forte intensité spirituelle ou humaniste.

Le rôle du groupe Accueil a été très important dans la relation à l'autre, non pas comme médiateur, mais comme premier interlocuteur des visiteurs, surpris de voir des œuvres inhabituelles par leur nature et leur installation dans une église. La confiance accordée aux artistes avait besoin d'être affirmée par un site Internet, celui du réseau de l'art contemporain à Saint-Merry, « Voir et dire[1] » : il a rendu publique l'analyse des œuvres, a renvoyé un regard construit et incisif aux artistes, a privilégié l'accessibilité à la compréhension de l'art contemporain et, surtout, a donné les moyens des installations (notamment par la recherche de soutiens financiers ou techniques).

Le cardinal Marty raisonnait en paroisse, il ne pouvait imaginer que Paris deviendrait une ville-monde d'un tel rayonnement et que la culture tiendrait une telle place. En ne restant pas sur la défensive ou figé sur des formes héritées du passé, Saint-Merry n'a cessé de traduire l'intuition initiale. Ce sont les artistes eux-mêmes qui l'ont fait changer avec leur manière de prendre les questions, d'y répondre avec leur médium, leur culture. De son côté Saint-Merry se devait d'être attentif à un public qui entre dans une église de plain-pied avec la rue et qui, souvent, ne sait pas ce qu'il vient faire ou chercher, mais qui s'y pose.

Offrir aux passants l'hospitalité d'un lieu vivant, accompagner les artistes, c'est signifier que des formes inédites de l'art peuvent nous déborder à notre insu, contribuer à nous faire goûter ce qui nous transcende. Telle a été l'interprétation permanente de cette parole d'il y a quarante-cinq ans.

1. www.voir-et-dire.net.

II

Pour une Église en dialogue avec le monde de l'art

Par Ignace Berten[1]

Je ne suis pas un habitué de Saint-Merry et de son centre pastoral. Au nom de quoi alors m'a-t-il été demandé d'intervenir dans le cadre de ce recueil de témoignages et de réflexions ? J'ai été invité à différentes reprises par le centre pastoral dans le cadre de conférences-débats et d'expositions. Conférences-débats autour des questions concernant la famille, le synode sur la famille, les divorcés remariés et les expositions autour d'œuvres de Maxim Kantor. Je suis, depuis lors, en lien avec le centre pastoral, avec des échanges plus ou moins fréquents. Je me sens concerné directement en particulier par l'une de ses initiatives : le volet artistique.

Quels sont les enjeux de l'art pour l'Église aujourd'hui, de l'art pour la foi ?

Je ne suis pas historien de l'art ni critique artistique, je n'ai pas de compétence particulière en ce domaine. Il se fait que, comme croyant et théologien, plus je vais, plus je perçois

1. Ignace Berten est dominicain et théologien.

qu'à titre personnel des œuvres d'art et plus particulièrement certains artistes me parlent, et non seulement ils me parlent, mais ils me font toucher autrement certaines dimensions de la foi et de l'existence évangélique : évocation de la transcendance et du mystère, sensibilité à ce qu'il en est véritablement de l'humanité, de l'expérience humaine de la vie, du bonheur, de la souffrance, de la solidarité, etc. Je fais aussi l'expérience comme conférencier et comme écrivain de ce que les images, et donc les œuvres artistiques, parlent autrement que le discours ou que l'écrit, et que par-là elles ouvrent autrement l'accès au sens de la foi et du message évangélique, en lien avec la parole ou l'écrit et en complément de ceux-ci. Voir ensemble certaines œuvres ouvre un autre espace pour la parole, la parole dite, la parole entendue.

Tout au long de son histoire, au-delà des controverses iconoclastes à une certaine époque, l'Église a fait appel à l'image, et donc aux artistes, pour communiquer ou pour témoigner de sa foi, différemment en Occident et en Orient. Au long de cette histoire, ces œuvres sont marquées par la culture du temps et par les approches théologiques et les sensibilités spirituelles du temps. L'art roman nous parle différemment de l'art gothique ou de celui de la Renaissance ou du baroque, sans parler de celui des icônes. Et on peut être sensible davantage à tel ou tel style. Il serait donc bien étonnant que, dans le présent, les artistes n'aient rien à nous dire, rien à apporter quant au témoignage de la foi, quant à la mission évangélisatrice de l'Église. Ce serait d'autant plus étonnant que nous sommes à l'heure d'une culture de l'image.

Trois réflexions à ce sujet

1. Entretenir un dialogue ouvert et accueillant avec le monde de l'art, en particulier avec les artistes porteurs d'une intuition spirituelle, fait partie de la mission de l'Église. Les

artistes ne sont pas toujours compris. De nombreux artistes, que nous admirons, n'ont pas toujours été compris non plus dans le passé. Ces artistes aujourd'hui sont fréquemment à contre-courant de l'ensemble de la production culturelle et artistique et, de plus, ils sont aussi souvent assez loin de l'Église et de sa pratique paroissiale et sacramentelle. Certains parmi eux sont profondément touchés par la Bible, par l'Évangile, d'autres plus largement par la dimension de transcendance ou de mystère de la vie humaine.

Pour certains responsables ecclésiaux, leur consacrer de l'énergie et à l'occasion un peu d'argent n'apparaît pas rentable pastoralement. Autrement dit, cela n'aide pas à faire vivre les paroisses auxquelles la priorité est de plus en plus reconnue. À Bruxelles, il y avait un pôle d'animation artistique autour de la cathédrale : expositions, concerts, messes festives. L'animateur de ce pôle, le dominicain Alain Arnould, ayant été appelé à une autre fonction importante au sein de son Ordre, l'évêque auxiliaire de Bruxelles a de fait supprimé la fonction et les activités qui en dépendaient. C'est regrettable. Saint-Merry était sans conteste un lieu majeur de lien avec le monde des artistes, en particulier de jeunes artistes porteurs d'un message spirituel mais pas très connus. La décision de fermeture du centre pastoral est de ce fait une grave perte du point de vue de la dimension missionnaire non prosélyte de l'Église.

Ces artistes ne font-ils pas, pour une part au moins, partie du monde du dehors auquel le pape François nous invite sans cesse à nous ouvrir ? Quels lieux animer ou ouvrir pour qu'une telle rencontre soit possible ? Quelles compétences pour de telles initiatives ? Mais aussi quels soutiens nécessaires, soutiens de reconnaissance, d'appréciation et éventuellement de moyens économiques pour un tel travail proprement ecclésial ?

2. J'avoue que nombre d'œuvres contemporaines dans le domaine visuel, y compris celles à dimension spirituelle, me restent quelque peu hermétiques ou pour le moins énigmatiques. Il est évident qu'en ce temps, du point de vue culturel,

il y a parfois une part un peu iconoclaste par rapport aux conceptions traditionnelles de l'art dans la production contemporaine. Le temps permettra de décanter les choses à condition qu'il y ait rencontre et dialogue.

Certaines œuvres me parlent assez directement, d'autres non, et me laissent perplexe. Il en est d'autres encore que j'apprends à découvrir. Je ne suis certainement pas le seul à rencontrer une telle difficulté. J'appréciais d'autant plus le fait qu'à Saint-Merry un commentaire présentait et accompagnait ces œuvres : Michel Micheau, entre autres, y contribuait largement. Beaucoup ont besoin d'une telle pédagogie. Il est important que quelque chose de cela puisse se poursuivre en un autre lieu, et que l'Église le soutienne. Nous avons besoin d'initiateurs.

3. C'est par Maxim Kantor que je suis de fait entré dans le grand cercle des participants à la vie de Saint-Merry et ai découvert son centre pastoral. Cela fait quinze ans que je suis en relation avec Kantor et qu'une véritable amitié s'est nouée entre nous[1]. Cela m'a permis de l'accompagner sur son chemin spirituel d'adhésion de plus en plus profonde à la foi chrétienne. Ce qui me touche profondément dans son œuvre, c'est le lien entre une dénonciation sans concession des maux de notre société, la société soviétique d'abord, la société libérale capitaliste ensuite, une attention pleine de tendresse et de vérité pour les pauvres, les exclus et les victimes de la société, et un sens spirituel chrétien de plus en plus affirmé. Par principe, Kantor refuse d'exposer dans les galeries parce qu'elles sont commerciales, mais de grandes expositions de caractère international lui sont consacrées ainsi que différents colloques universitaires autour de certaines de ses œuvres. Une œuvre puissante qui parle par la force de l'expression, œuvre qui présente aussi souvent une dimension symbolique qui

1. Maxim Kantor m'a invité à intervenir au vernissage de plusieurs de ses expositions et à collaborer à quelques-uns de ses grands catalogues.

suppose un certain décodage, les multiples dimensions évoquées n'étant pas toujours immédiatement évidentes. Maxim Kantor est venu plusieurs fois à Saint-Merry. Sa présence, à laquelle il attachait de l'importance, y était caractérisée par une dimension très spécifique : un nombre très restreint d'œuvres, un public limité, mais un contact direct avec les personnes présentes dans un véritable dialogue qui ouvre à la perception du sens que revêt pour lui son travail artistique. Cette démarche de la rencontre directe de certains artistes avec le public, chrétien ou sensible aux dimensions spirituelles, me paraît essentielle, car ce n'est pas la préoccupation des musées et de leurs grandes expositions. Que l'Église ne porte pas le souci de la présence sur ce terrain de la rencontre interpersonnelle est réellement un appauvrissement quant à sa mission d'Évangile.

J'espère que, d'une manière ou l'autre, un avenir porteur des intuitions et initiatives de Saint-Merry puisse être ouvert.

SEPTIÈME PARTIE

EN PARTENARIAT, EN RÉSEAUX, DES CHEMINS DE FRATERNITÉ

J'ai toujours apprécié que le centre pastoral manifeste concrètement sa solidarité avec le peuple palestinien, victime de la politique coloniale, d'apartheid et d'épuration ethnique israélienne. Je suis militant de l'Union juive française pour la paix (UJFP).

Jean-Guy G.

Pendant notre long exil politique entre 1974 et 1985 le Centre pastoral Saint-Merry constitua pour nous, exilés chiliens, un centre d'accueil familier, même pour ceux qui n'étaient pas catholiques. Fut même constituée une paroisse chilienne où nous nous retrouvions tous les dimanches. En plus de suivre la messe, nous échangions des messages et aussi des espoirs.

Jacques Chonchol, ancien ministre d'Allende

Forts de notre expérience des « rencontres chrétiens musulmans », nous avons cheminé vers d'autres associations ouvertes au dialogue, telles que Marseille espérance, la Maison islamo-chrétienne de Gennevilliers... Il n'a pas été difficile d'œuvrer ensemble en hommes et femmes différents, mais libres, ouverts, soucieux de l'égalité et de la fraternité.

Geneviève P.

Pour un pasteur, un protestant comme moi, pour avoir régulièrement travaillé avec eux, ce lieu est précieux pour l'œcuménisme, la solidarité, l'inclusion, l'annonce de l'Évangile dans une forme renouvelée.

Stéphane L.

Nous avons prévu de renforcer notre partenariat avec le Centre pastoral Saint-Merry, notamment en matière de fraternité et d'écologie, et ceci s'est fait notamment dans le cadre de la journée organisée à la mosquée de Massy avec la réception d'une délégation composée de hauts représentants des Églises palestiniennes catholique et orthodoxe, du grand mufti de Terre sainte, et de deux représentants du Comité présidentiel suprême pour les affaires de l'Église, respectivement ex-maire de Bethléem et actuel maire de Ramallah.

Groupe d'amitié islamo-chrétienne

Beaucoup de personnes en marge de l'Église sont touchées par la pastorale de Saint-Merry qui fut aussi une pionnière dans les actions liées à l'encyclique *Laudato si'*, auxquelles mon association Chrétiens unis pour la terre a participé.

P. de Poncins

C'est vraiment grâce aux chrétiens de Saint-Merry que les Restos du cœur ont pu démarrer. Nous nous retrouvions tous les dimanches à la célébration pour prier, demander la force de continuer cette aide indispensable à des personnes que nous savions vivre dans des conditions insupportables.

Colette D.

J'ai trouvé à Saint-Merry [...] un travail de solidarité internationale, notamment via la commission partage – nous avons œuvré pour aider des jeunes filles au Tchad à être scolarisées plutôt que mariées dès 13 ans –, et un soutien à nos amis de Gaza, qui prônent l'action non-violente, entraînés par Ziad Medoukh, directeur du département de français de l'Université al-Aqsa (Gaza) qui est venu plusieurs fois nous rencontrer à Saint-Merry, la dernière fois à l'automne 2019. Régulièrement nous échangeons via Skype/Zoom avec les diplômés du département de français. Cette ouverture sur l'extérieur est très importante pour eux qui vivent sous blocus depuis quatorze ans.

Isabelle M.

Nous, professeurs, étudiants et diplômés de français, apprécions beaucoup cet engagement du centre pastoral en faveur de l'éducation et de la culture comme facteurs de paix et de compréhension entre les êtres humains, au-delà des différences de cultures et de religions. Notre collaboration est très efficace et nous espérons développer nos partenariats au service de la justice en Palestine et partout dans le monde, pour un avenir meilleur et plus humain.

Ziad Medoukh, Gaza

Souvent des membres de la communauté ont travaillé avec les artistes pour leurs installations. Ceux-ci ont apprécié la qualité de nos accompagnements. Je suis sensible à la conjonction de tous ces talents : ils ont constitué pour moi une famille chaleureuse, partie prenante du projet artistique du Centre pastoral Saint-Merry, une famille spirituelle, même si elle ne disait pas son nom.

Marie Jo L.

I

Agir pour la dignité humaine (partenariat avec Gaza)

PAR LAURENT BAUDOIN[1]

EN 2015, après l'opération militaire israélienne de l'été 2014 dans la bande de Gaza, un groupe Gaza est constitué au Centre pastoral Saint-Merry, habitué à la solidarité internationale. L'objectif est de rompre l'isolement de ce petit territoire soumis à un blocus illégal depuis 2007 et de faire connaître sa réalité humaine, souvent occultée en France par des préjugés négatifs. Le projet s'établit grâce aux liens que j'ai tissés avec Ziad Medoukh, directeur du département de français à l'université al-Aqsa, après une mission de la Campagne civile internationale pour la protection du peuple palestinien à Gaza en 2002.

La méthode consiste en des échanges réguliers par Skype avec les étudiants de Ziad sur des thèmes éducatifs, culturels et sociétaux.

En 2019, Ziad crée le Centre des diplômés de français pour aider les jeunes qui, après l'obtention du diplôme, affrontent le marché du travail dans un contexte économique difficile,

1. Laurent Baudoin est auteur travaillant sur les cultures arabo-islamiques et sur tout ce qui touche au dialogue interreligieux et interconvictionnel, à l'antiracisme et à l'anticolonialisme. Il est membre de la communauté du Centre pastoral Saint-Merry.

aggravé par les fréquentes incursions israéliennes, les divisions interpalestiniennes, la crise sanitaire et écologique. Sans réelle perspective d'emploi, ils délaissent souvent les compétences acquises à l'université pour prendre des « petits boulots ». La situation est plus délicate encore pour les filles (majoritaires), qui ont souvent pour seul horizon un retour au mode de vie traditionnel (mariage précipité, tâches ménagères, soumission patriarcale), ce que l'université leur avait donné l'espoir d'éviter ou de différer.

Empêcher le « sociocide »

Structure unique à Gaza, le Centre des diplômés permet à ces jeunes de s'exprimer dans leurs domaines (traduction, enseignement, aide à l'enfance, etc.). En démontrant leur utilité, ils s'attirent la reconnaissance familiale et sociale qui les incite à rester et à mettre leur savoir et leur énergie au service de leur pays – quand d'autres tentent l'exil à l'étranger au risque de la déception (mauvais accueil, problèmes d'insertion, racisme, exploitation économique).

Le Centre leur permet de pratiquer et de partager les principes enseignés à l'université : tolérance, solidarité, résistance non-violente par l'éducation et la culture. Il leur offre une ouverture sur le monde, notamment francophone, par des contacts virtuels avec des personnes et des institutions solidaires. Il permet des activités (un peu) rémunérées : cours de français (aux jeunes, femmes, journalistes, juristes, entrepreneurs) ; soutien psychologique aux enfants traumatisés (dans lequel les élèves de Ziad ont acquis une compétence appréciée) ; communication (recherches, témoignages écrits, reportages vidéo, etc.) pour présenter au monde la vraie vie des Gazaouis. Auprès des plus fragiles (paysans, pêcheurs, artisans, familles pauvres, Bédouins, etc.) ou dans les secteurs mal couverts par les autorités (alimentation, écologie, santé, effets des raids militaires...), le bénévolat est encouragé pour son efficacité, sa qualité éthique et sa force structurante. En plus des formations (langues, psychologie, économie...), le Centre propose des stages sur la solidarité (entre groupes sociaux, générations, sexes) et la non-violence (pratiquée lors des marches du retour en 2019).

Le Centre est bien adapté aux singularités de la vie en Palestine, où l'occupation, la colonisation, la répression, l'apartheid ruinent des pans entiers du corps social. Ce « sociocide » d'État, dénoncé par la philologue pacifiste israélienne Nurit Peled, vise à empêcher l'émergence d'une société structurée et pousse la jeunesse à envisager, par désespoir, des actes extrêmes (suicide, exil, action armée). Une stratégie perverse que combat Ziad Medoukh.

Pour le Centre pastoral Saint-Merry (devenu Saint-Merry Hors-les-Murs), le soutien financier et moral au Centre des diplômés – laïc, apolitique, mixte hommes-femmes, indépendant des pouvoirs publics, privés, politiques ou religieux – est un engagement humain visionnaire. En aidant la diffusion, parmi une jeunesse désemparée, des principes de résistance non-violente, notre communauté participe à la réhabilitation des Gazaouis dont l'occupant veut nier l'humanité. Soulager la souffrance des plus petits des petits (ici les Palestiniens de Gaza) répond à notre engagement spirituel et à la mission reçue du cardinal Marty en 1975.

Ce partenariat n'a, d'un côté comme de l'autre, aucune velléité religieuse (ni prosélytisme, ni débats théologiques). Seules la solidarité, l'amitié et la volonté de faire progresser la paix dans la justice président à nos relations, conformément aux valeurs – partagées par les croyants chrétiens et musulmans – qui invitent à tendre la main aux partisans de la non-violence pour mettre fin aux situations injustes et violentes.

Cette coopération permet :

- d'agir ensemble, au-delà des différences religieuses et culturelles, en faveur de la paix et de la solidarité humaine ;

- de faire tomber les murs artificiels qui séparent les êtres humains (un traumatisme concret en Palestine occupée, plus insidieux chez nous) ;
- d'inviter chacun à s'ouvrir à la culture de l'autre, à reconnaître ses spécificités, ses atouts et ses limites, dans le but commun de restaurer la dignité d'un peuple humilié (une forte demande des Gazaouis) et de favoriser le progrès humain.

En rendant tangible et sincère l'attention à l'autre, ce projet constitue aussi, pour chacun de nous, une occasion de renouvellement intérieur et d'épanouissement personnel.

Chercher la vérité et en témoigner

Cet engagement dépasse le simple geste caritatif pour toucher à des préoccupations fondamentales. Pourquoi avoir choisi cette cause plutôt qu'une autre ? Il n'y a pas de bonne hiérarchie des causes, mais des circonstances, des rencontres, des prises de conscience, des indignations qui conduisent à l'une plutôt qu'à l'autre. Pour moi, ce fut une indignation croissante, née de l'arrogante certitude des colonisateurs de la Palestine et de leurs soutiens pour qui les malheurs des Palestiniens sont la conséquence inévitable de l'histoire.

Mais pourquoi les Palestiniens doivent-ils payer pour les crimes commis contre les juifs par des Européens, qui se déchargent ainsi de leur responsabilité sur un peuple qui n'y est pour rien ? Ils soutiennent aussi que cette domination est l'application naturelle du projet civilisationnel du sionisme, porteur des « valeurs occidentales ». Mais en quoi la punition collective, la colonisation, l'apartheid, le « sociocide », la négation de l'autre sont-ils des « valeurs occidentales » ?

Rechercher la vérité et en témoigner fait partie de la mission exaltante du chrétien et de tout humaniste, croyant ou non. Même s'il faut en payer le coût en termes d'incompréhension, d'hostilité ou de rejet de la part de ceux – pouvoirs politiques, économiques, médiatiques, religieux – qui ont intérêt à ce que rien ne s'ébruite pour que rien ne change, et d'autres qui, par confort intellectuel, renoncent à comprendre parce que, leur dit-on, « c'est trop compliqué »...

Au contraire, la quête de la vérité au service de la justice apporte à ceux qui s'y attellent la joie du devoir à accomplir et la conscience de vivre une vie utile. « Ceux qui vivent, ce sont ceux qui luttent / Ceux-là vivent, Seigneur ! les autres, je les plains / Car le plus lourd fardeau, c'est d'exister sans vivre[1]. »

Dans son poème *La culture est une résistance*, Ziad Medoukh écrit : « La culture c'est construire / Pour que nos jeunes, malgré l'accablante réalité / Maintiennent leur verticalité. » Le mot renvoie à l'image de l'homme debout, chère à notre communauté. Préserver la verticalité de l'homme est une tâche ingrate, qui oblige souvent à plier face à l'adversité... mais sans jamais rompre, tant est forte la parole de l'Évangile : « La vérité vous rendra libres » (Jn 8, 32). Car c'est aussi à sa propre délivrance qu'œuvre celui qui se bat pour la vérité et la justice de l'autre, son frère, sa sœur en humanité. « La résignation n'est pas chrétienne », assure Jacques Gaillot, ardent défenseur des opprimés et des chercheurs de sens, qui ajoute avec finesse : « Je ne me demande pas si je serai vivant après la mort mais si je suis vivant avant la mort[2]. »

L'adage habituel des Palestiniens : « Résister, c'est exister », s'applique bien aux « saint-merriens » en pleine tâche de reconstruction.

1. Victor Hugo, *Les Châtiments*, 1852.
2. Jacques Gaillot, *Avance et tu seras libre*, Payot, Paris, 2010.

II

La CCBF, « laboratoire tranquille » d'une autre manière de faire Église

PAR PAULE ZELLITCH[1]

PAUL de Tarse a acclimaté le mot *ekklèsia* qui désigne dans la cité grecque l'assemblée des hommes libres, et il l'a offert à tous les groupes qui se rassemblaient en monde grec ! Or Paul annonçait Jésus Fils de Dieu aux femmes comme aux hommes, aux esclaves comme aux hommes libres, toute discrimination religieuse, sociale, sexuelle abolie dans des communautés qui délibéraient. Et nous savons que cette nouveauté n'était pas si facile à mettre en œuvre.

Jésus, en héritier du judaïsme, ne cesse d'actualiser, pour chaque personne rencontrée, la sortie d'Égypte ; il travaille à la liberté des hommes, des femmes et des enfants : il cherche à les rendre auteurs de cette liberté, pour eux-mêmes comme pour les autres. Paul nous rappelle : « C'est pour que nous soyons libres que le Christ nous a libérés. Alors tenez bon, ne vous mettez pas de nouveau sous le joug de l'esclavage » (Ga 5, 1). Cette liberté ordonnée à Celui qui libère est une ligne de crête. En Église, tenir ensemble liberté et cadre institutionnel est un défi, tant pour les clercs que pour les laïcs.

1. Paule Zellitch est théologienne, présidente de la Conférence catholique des baptisés francophones (CCBF).

Progressivement, vont émerger des responsables de communautés et, sur ce point, dans le Nouveau Testament, c'est la diversité qui prime. On voit apparaître l'épiscope choisi par le collège des anciens, les diacres hommes et femmes[1]. Si on est frappé du peu ou de l'absence totale de recommandations institutionnelles, leur fonctionnement est celui des groupes juifs. Il y a des anciens dans les Églises que Paul et Barnabé fondent, mais avant cela, Paul lui-même parle de « ceux qui se donnent de la peine parmi vous, ceux qui, dans le Seigneur, vous dirigent » (1 Th 5, 12).

Dans les premières communautés, il y a une culture de la diversité des charismes, portée par des pans entiers du récit vétérotestamentaire et des lettres de Paul.

Commençons par Babel et rappelons rapidement de quoi il s'agit : une société se construit une cité, refuse la diversité, ne parle qu'une seule langue, édifie une seule tour pour rejoindre le ciel. L'affaire se solde par une subtilité de taille : le surgissement de la pluralité des langues opérée par Elohim, Dieu UN et infini dans ses potentialités. Non pas une sanction, mais une mise en adéquation avec la nécessaire dispersion, posée en amont de l'épisode, sur d'autres territoires, au milieu d'autres peuples et d'autres langues. Ce récit contient une alerte puissante face à l'entre-soi totalitaire et mortel et singulièrement pour nous, en Église[2].

Quand la peur des différences et la quête d'uniformité deviennent prégnantes, la puissance créatrice de la Parole est réduite, alors l'écart, voire la contradiction avec la profession de foi chrétienne éclate et aux yeux de tous. La confusion entre formatage et formation gagne du terrain ; elle entraîne l'évacuation du réel et des questions qu'il pose. Cette réduction signe la

1. Cf. 1 Tm 3.

2. Les Annales assyro-babyloniennes indiquent que le mode de conquête et de mise au pas d'un pays conquis est « d'imposer une seule bouche », soit une seule langue pour une seule pensée. D'où l'importance des langues vernaculaires dans la vie de l'Église.

perte d'innombrables charismes, rend manifeste l'absence d'un véritable discernement communautaire et ouvre la porte aux abus de toutes sortes.

Il est alors essentiel de se souvenir de l'Épître de Paul aux Corinthiens (cf. 1 Co, 12-4-11), véritable hymne à la diversité des charismes. Ces versets décrivent ce que l'Esprit donne à l'Église pour l'annonce de la Bonne nouvelle. Cela suppose qu'il n'y ait pas de douaniers des charismes et encore moins de l'Esprit, mais une communauté tout entière « discernante » et discernant à la lumière des Écritures, où chacun soit suffisamment décentré pour être attentif aux charismes qui affleurent. Par ailleurs, si l'Esprit est vraiment premier, l'instrumentaliser serait l'ignorer, voire le réduire à une idole. Pour Jésus, qui appartient au judaïsme, et pour Paul, de cette même tradition, cette variété des dons dans une communauté n'entraîne pas de cumul des fonctions mais une diversité de compétences à mettre en œuvre et en musique.

La suite du Christ n'est pas une orthopraxie, mais une dynamique existentielle. La foi chrétienne contient une dimension « parlante », inventive, libératrice et fraternelle quand elle est vécue, incarnée, habitée, en cohérence avec le dire et le faire. Mieux vaut se laisser interpeller que d'avoir peur de l'avenir. En effet, suivre celui qui est « chemin, vérité et vie » met en mouvement hommes et femmes, clercs et laïcs et permet d'affronter tous ensemble l'inconnu ; et si d'autres se joignent à ce mouvement, quelque chose du Christ peut et pourra encore être annoncé par les générations futures. Dépasser les conflits de loyautés mal posés aide à faire éclore ce « je ne sais quoi[1] » qui est du côté du Vivant.

1. Cf. Jean de la Croix.

Refus de l'emprise, clé du redressement

Le refus de l'emprise, qui devrait être un des incontournables de l'Église et de toutes nos communautés, est le cœur même du redressement général.

En pleine tourmente d'abus de tous ordres, tous enracinés dans des abus de pouvoir, l'urgence vitale est désormais de ne pas servir le déclin de l'ethos chrétien. Des membres du peuple des baptisés, à la recherche avec la CCBF de nouvelles issues pour l'Église – dans la nef, sur le parvis, aux périphéries – partagent ce constat pour agir. L'histoire de ces cinquante dernières années montre qu'il est temps que les baptisés s'en mêlent car la situation est trop complexe pour la laisser aux seules mains des clercs.

D'ailleurs, l'évêque, envoyé à un peuple tout entier, tel qu'il est, doit veiller à ce que les divers courants catholiques soient représentés dans toutes les instances de son diocèse, synode inclus. Il importe, pour échapper à la subjectivité, à la confusion et aux abus qu'elle génère, que conformément au droit canon, l'évêque, avec l'aide d'experts, dote son diocèse d'un appareil juridique. C'est le fondement sain d'un fonctionnement équilibré.

La transformation doit être théologique, canonique, et pratique. S'inspirer des protocoles de transformation des grandes organisations de la société civile est une manière d'aider, de soutenir l'action de l'Esprit qui, lui, n'exclut jamais le réel.

En France, la Conférence des baptisés (CCBF) est le « laboratoire tranquille » d'une manière de faire Église qui honore la coresponsabilité et c'est sur ces intuitions qu'elle avance et est rejointe, depuis plus de dix ans.

La sociologie propose trois items pour penser le déclin, conséquence du mécontentement, qui permettent à chacun de se situer et peut-être de se déplacer : *exit/voice/loyalty* ou « partir, donner de la voix, rester ». Une quatrième catégorie a été ajoutée plus tard : l'apathie, soit « ne pas réagir ». Le « ni partir ni se taire », slogan de la CCBF, est manifestement du côté de la « voix » dans l'Église, voix par fidélité à la Parole, mais aussi parce que « la tradition, c'est transmettre le feu et non pas adorer les cendres », selon cette définition de Gustav Mahler, chère au pape François.

Cela suppose une attention aux signes de ce temps et donc aux questions qu'ils nous posent. Les questions vivantes sont celles qui ouvrent à de nouvelles questions et chaque question est comme une étincelle de vie. Affronter les changements inéluctables sur le mode exclusif de la réponse n'est tout simplement plus possible.

La Parole, non plus confisquée, mais restituée, investie par les baptisés, révèle la beauté des êtres humains sous le regard de Dieu. C'est ce qui fait une communauté… désirable.

À la CCBF, le baptême et la suite de Jésus-Christ frère sont fondamentaux. Ils signent un refus de la démission en Église, comme dans le monde. Il s'agit d'unifier la vie du chrétien : adulte dans la société civile comme en Église. C'est ainsi que la Conférence des baptisés développe de multiples partenariats, à la fois internes et externes. Parce que le Christ fait lien, il ne s'agit pas d'une quête de l'uniformité, mais d'un ordonnancement autour d'un horizon commun.

La CCBF est un réseau, un véritable maillage, national et qui se développe dans la francophonie, avec des liens au-delà. Son réseau comporte de nombreux groupes locaux Conférence des baptisés, en interactions et d'autres rattachés.

Le fonctionnement de la CCBF est collégial et coresponsable, loin d'une culture du secret. La culture de la concertation y règne et favorise les projets transversaux. Symptomatique : la parité H/F y est une évidence. L'intelligence collective prime, avec l'agilité qu'elle contient.

Au plan spirituel, ni incursion dans le for interne, ni curiosité ; ceux qui souhaitent être accompagnés spirituellement choisissent leur accompagnateur hors CCBF et n'ont pas à en rendre compte. Cela fait de la CCBF un lieu de diversité et de liberté spirituelle.

Ainsi, il n'y a pas d'Église sans peuple, pas de peuple sans parole et pas de parole sans altérité. Ni réduite à un petit cercle, ni à une idéologie, l'Église et donc chaque communauté chrétienne qui se rassemble, discerne, interprète, cherche à rendre sensible une transcendance active.

La communion au Christ est le cœur de chaque communauté comme le cœur de l'Église. Nous ne le dirons jamais assez, c'est sur sa cohérence entre le dire et le faire que l'Église est jugée et avec elle les catholiques.

À Pâques 2020, en pleine pandémie, le pape François nous a partagé ce qui fait le fond de notre humanité et de notre responsabilité commune :

> Nous nous rendons compte que nous nous trouvons dans la même barque, tous fragiles et désorientés, mais en même temps tous importants et nécessaires, tous appelés à ramer ensemble, tous ayant besoin de nous réconforter mutuellement.

HUITIÈME PARTIE

CHERCHEURS DE SENS DANS UNE COMMUNAUTÉ OUVERTE AU SOUFFLE DE L'ESPRIT

J'y ai expérimenté l'écoute, le respect des convictions des autres et leurs richesses, la recherche exigeante d'authenticité, la coresponsabilité dans les lieux où je me suis impliqué.

André L.

J'aime que la communauté du centre pastoral aide à offrir une diversité de tons en son sein et dans la grande Maison, qu'elle soit fidèle à la mission d'exploration qui l'a fondée. Et pour moi, elle l'est car elle me permet de dégager l'Évangile d'une gangue de mots religieux devenus – après de rudes expériences en milieu ecclésial – langue de buis, me barrant l'accès à la Parole.

Alexandra N.

Un lieu ouvert, vivant, innovant qui invite à se poser, faire un pas de côté, penser la manière de vivre à la suite du Christ aujourd'hui.

Bénédicte M.

Je sais que ce centre joue un rôle important pour les croyants ou ceux qui sont en recherche de sens dans leur vie. Il brille comme une lumière dans la nuit.

Isabelle M.

Guy-Marie Riobé, ancien évêque d'Orléans et proche du cardinal Marty, disait il y a plus de quarante ans : « Au nom de la fidélité à l'Évangile, donnons priorité à ceux dont l'Église est loin, ceux qui sont en recherche de communautés fraternelles, en recherche d'une nouvelle façon de vivre leur foi. Seules des communautés vivantes, dynamiques et priantes, présentes aux transformations de la société, confrontées aux événements, capables de réinterpréter pour aujourd'hui le message des apôtres, rendront crédible l'Église du Christ. Le printemps de l'Église est à ce prix. » Face à ces événements récents, puissions-nous méditer cette parole prophétique et toujours d'actualité, pour construire et faire vivre l'Église d'aujourd'hui et de demain.

Bernard L.

Il nous faut une Église libre et ouverte à tous les dialogues.

Hermann H.

À Saint-Merry, nous étions heureux de découvrir et goûter ensemble son enseignement, de donner tout son sens à ce que les chrétiens appellent le partage eucharistique, de venir régulièrement alimenter notre ancrage dans le discours de Jésus. Sans le CPHB, je ne sais pas ce que serait aujourd'hui ma foi chrétienne. J'y ai apprécié la présence d'une communauté vivante, la préoccupation de rechercher le sens profond des paroles de l'Évangile, l'accompagnement apporté aux engagements de chacun dans le monde.

Jean S.

Je suis témoin de ces parcours de vie, de conversions ; l'Évangile travaille comme une bonne nouvelle...

Jean-Louis W.

Qui s'intéressera aux besoins profonds des personnes pour ouvrir le chemin qui donnera ce sens jamais acquis, toujours si difficile à percevoir ?

Annick G.

À Saint-Merry, nous avons trouvé une expression de la foi qui nous correspondait, ouverte sur le monde, et qui donnait envie de chercher plus encore le sens de sa vie.

Nous avons réfléchi dans nos différents groupes de réflexions à notre engagement chrétien dans la société et cherché la cohérence entre notre foi et notre vie.

Christine et Michel M.

J'ai assisté notamment à une pièce de théâtre qui se tenait dans le carré de l'église. J'y ai alors découvert et compris combien l'Église est un lieu où tout de l'homme peut s'exprimer, en proximité avec Celui qui a pris notre humanité pour la restaurer dans son Amour.

Claire M.

Nous sommes de la « périphérie », [...] de ceux qui sont au bout des branches, qui écoutent et tendent la main à ceux qui cherchent, hésitent, qui doutent, espèrent l'accueil de l'Église. « L'endroit où se trouvent les fruits » (X. de Chalendar).

Nicolas H.

Et si c'était une chance ? Si c'était le bon moment pour aller de l'avant ? Si c'était, bientôt, le temps du renouveau créateur ? [...] Une évidence éclatante, comme un beau printemps à venir : prolonger notre cheminement avec toutes nos activités et nos valeurs, en allumant plein de nouvelles petites lumières, dans une dynamique renforcée de fraternité !

Sophie L.

Voyez ces visages et ces étonnements qui ouvrent au désir de connaître, de partager, tous étonnés et reconnaissants de pouvoir vivre un moment prophétique : « être, ici et maintenant » !

Clément G.

À Saint-Merry nous avons vécu des temps irremplaçables, fertiles, qui édifient et construisent l'homme qui marche dans le tumulte des interrogations et des injustices.

Maguy B.

Aux marges de l'Église une recherche créative en communauté pour vivre de la parole du Christ et pour accompagner ceux qui cherchent leur voie loin des conformismes et des cléricalismes.

Jean-Claude D.

Nous venons à Saint-Merry parce qu'ici, nous avons trouvé une résonance avec nos questions, notre recherche, notre passion pour Jésus vivant. Nous sommes là parce que ces questionnements, cette recherche, nous pouvons et voulons les vivre ensemble ; nous pouvons en parler, nous éclairer les uns les autres, nous enrichir de la parole et du regard de chacun.

Jean-Luc L.

I

Quelles portes insoupçonnées la fermeture du Centre pastoral Saint-Merry ouvre-t-elle ?

Par Agnès Charlemagne[1]

Le Centre pastoral Saint-Merry ferme. J'ai reçu cette nouvelle comme si l'on m'annonçait la disparition d'un proche. Depuis de longues années, ce lieu fait partie de ma cartographie intime. J'habite Marseille, j'y viens donc peu, mais chaque fois pour y reprendre des forces. Je parcours la France pour animer des formations en Pastorale avec les adultes, et des ateliers d'éveil spirituel avec les enfants, les adolescents et les jeunes : comment au XXIe siècle prétendre encore parler avec eux de spiritualité – mieux, de la foi chrétienne ! Mes escales à Saint-Merry faisaient partie de ma préparation à la formation : que vais-je recevoir, quel inattendu va me sauter à la figure, quelle théologie et quel langage, quel questionnement et quelle audace ? Cette communauté est libre, je m'y sens chez moi. Rien n'y est acquis, tout est invention et j'y apprends à inventer. J'y apprends à réfléchir et à pratiquer dans la même phrase. C'est exactement la pédagogie que je partage avec les adultes que je forme et les jeunes que je rencontre : Jésus fait de chacun un acteur de sa vie. Et voilà la faillite qui secoue l'Église aujourd'hui : elle rend ses

1. Agnès Charlemagne est auteur et formatrice à « T'es où ? », méthode pour parler de spiritualité et de la tradition chrétienne avec les enfants, les adolescents et les jeunes.

brebis passives, elle donne la parole au seul prêtre, à l'évêque, et à des hommes. Les baptisés suivent, comme ils peuvent. Beaucoup décrochent, et la multitude ne songe même plus à entrer dans la bergerie. Les églises se vident, l'Église le déplore et se lamente, et le Centre pastoral Saint-Merry, laboratoire d'initiatives révolutionnaires à l'image de l'Évangile, ferme ! Cherchez l'erreur. Je voudrais ici partager les questions brûlantes que cela me pose et le défi que cela m'inspire.

Pourquoi les catholiques ont-ils peur ?

Est-ce par peur de cette liberté que décision fut prise d'interdire en ce lieu les essais concrets de mise en pratique de l'Évangile ? La peur semble antinomique avec la foi. Le doute questionne la foi, il la creuse et la vivifie, mais « la peur n'est qu'un manque de confiance dans le Seigneur », disait ma grand-mère. Et j'aime l'idée que cette pensée a été transmise de génération en génération, depuis le lac de Tibériade dans lequel Pierre a failli couler, par manque de foi lui dit Jésus, qui « aussitôt, tendant la main, le saisit » et le relève. Jésus relève toujours, il invente sans cesse. Quelles que soient nos déroutes, il nous en extrait et nous rétablit dans la confiance, les pharisiens savent bien le lui reprocher. Ça fait désordre cet élan à redonner vie, là où l'un ou l'autre sort du rang. La joie que communique Jésus vise la cloche de verre sous laquelle végètent sans souffle les paralysés de la routine. Il faut donc choisir : « Je mets devant toi la vie ou la mort, la bénédiction ou la malédiction. Choisis donc la vie » (Dt 30, 19).

La vie participe d'un certain désordre

À Saint-Merry, je ne savais jamais à quoi m'attendre. Quels textes seront lus ? Qui va commenter la Parole, une femme ?

Quelle découverte à l'Eucharistie? Divorcés, homosexuels et lesbiennes, croyants issus d'autres religions ou « non-croyants » : tous membres d'un seul corps. J'ai croisé des musulmans à Saint-Merry. Si, de siècle en siècle, l'ancrage de la foi est solide, il est spirituel. Rien à voir avec la sauvegarde d'une identité, qu'elle soit historique, politique ou sociétale. Ce souffle nous incite à « mettre le bazar », dit le pape. Ne laissons pas confisquer ce mystère de « DIEU ».

Notre problème, c'est de ne pas reconnaître le Dieu qui vient

De quelle représentation de « DIEU » parlons-nous en effet ? C'est une question que je pose à tous, adultes et enfants. Chaque nouvelle génération doit s'emparer de ce chantier de recherches, difficile, passionnant. L'Ancien et le Nouveau Testament annoncent un Dieu qui était, qui est, et qui *vient*. Regarder en arrière, c'est une tentation décrite dans la Bible. La femme de Loth regrette le passé et elle se fige en statue. Une statue ne vit pas, elle est coupée du monde des vivants, victime de la poussière; mais elle peut dominer en idole. Poussé jusqu'à l'obsession, le désir de transmission est un piège que le pape François débusque: « Le prosélytisme est une impasse! Une seule méthode, le dialogue. » Christ est plus grand. Jésus n'a jamais enseigné de phrases toutes faites. Le catéchisme descendant est une intellectualisation de l'élan de l'Esprit, dont la danse avec l'imprévu des différences ne cesse d'étonner et de nous convertir. Et un chrétien n'est emprisonné ni par la loi, ni par la hiérarchie, ni par le pouvoir, ni par l'institution. Il est habité par la question du Christ: « Et pour toi, qui suis-je ? »

Ceux qui prient le « Dieu inconnu » nous enseignent la réciprocité

Ceux qui ignorent ou délaissent les églises posent la même question : « Mais où est-il votre Dieu ? Si absent ! Si jugeant ! Votre Église si déviante ! » Ce n'est pas simple de parler le langage des brebis venant d'autres bergeries. Le langage clérical est encore moins audible que celui du Ressuscité, c'est dire la difficulté. Mais « l'Esprit vous fera souvenir de tout ce que je vous ai dit », dit Jésus. Mieux, la bouche de celui auquel nous voulions le transmettre nous guide : « Je ne crois pas en Dieu mais on peut le remplacer par rien d'autre en fait ! », dit Ivan, 11 ans. Voilà l'inattendu, la conversion réciproque du catéchiste et du catéchisé, la joie parfaite ! L'Église, dont le langage est devenu opaque à tous ceux qui cherchent, néglige de s'essayer à la joie de la traduction. Elle cause, elle prêche ; mais qui entend ? Elle écrit ; mais qui lit ? Les initiés. Or des foules d'autres « pratiquants » ont soif de spiritualité. Ils se lèvent tôt et découvrent la méditation. Ils trouvent des guides. Ils cherchent une authenticité, questionnent l'unité de leur être, réparent leur lien avec le vivant. Ils tâtonnent. L'Esprit a-t-il attendu pour les instruire que les catholiques les convertissent ? Bien sûr que non. L'Esprit est libre. Et Dieu seul convertit. Et l'on ne se convertit pas à une religion mais à Dieu. Or, les brebis sans bergerie ont l'oreille fine.

Pédagogue, le Christ rend chacun acteur de ses doutes

Ce n'est pas la réussite de l'Église qui lui importe, c'est notre vie. Raison pour laquelle le pape repousse d'un an le Synode sur la synodalité : « Pour apprendre à écouter, en communauté, ce que l'Esprit dit à l'Église. » Une Église qui attend des enfants qu'ils « sachent » les fondamentaux infantilise leur foi et ne leur apprend pas à vivre leur lien au monde. À la fin d'un atelier, Aliénor, 12 ans, dit qu'elle vient d'avoir un déclic : « Au caté, on nous raconte l'histoire de Jésus mais un atelier, c'est plus profond — Pourquoi ? — On réfléchit nous tous ! » Le Christ n'est pas une formule savante, mais une découverte. Une Église, qui attend d'être obéie par des spectateurs passifs, se prive d'un élan régénérateur et choisit la mort.

Le « laboratoire de recherches » Saint-Merry vit une traversée pascale

Lentement, avec mes amis mis à la porte, je m'extirpe de mes tombeaux. Nous étions au chaud à Saint-Merry, heureux avec le Christ. Nous étions engagés, et très occupés. Nous voilà mis face à l'inconnu – et la crise sanitaire n'est pas étrangère à ce questionnement vif, qui nous enfante. J'ai cru perdre un cordon ombilical. J'ai eu du mal à retrouver mon souffle. Mais quoi ? Le Christ ne nous dit-il pas qu'il faut naître une seconde fois, de l'Esprit ? Ne nous ouvre-t-il pas au chemin qui traverse la mort ? Ne nous lance-t-il pas dans l'éternel aujourd'hui ? Chaque rencontre est à repenser comme l'espace de notre naissance spirituelle à ce siècle nouveau.

Si les chrétiens ne cherchent qu'entre eux les impensés jusqu'ici, l'Esprit ne peut les atteindre

Il aime les détours, il a l'art de s'adresser à nous par les événements les plus inattendus. À Saint-Merry, l'inattendu était le quotidien. Le renouvellement constant. La recherche brûlante. L'étranger accueilli en messager et ses questions écoutées. Pas de portes à Saint-Merry, et plus de murs désormais, mais le Souffle sait où nous allons et quelles rencontres nous réserve le Dieu qui vient !

II

Une communauté au souffle de l'Esprit

PAR ANTOINE GUGGENHEIM[1]

Une communauté de la nouvelle Alliance

Quand nous nous interrogeons sur ce qui fait vivre – ou mourir – nos communautés, sur le sens de nos histoires et de nos rassemblements chrétiens, il est bon de se replonger à l'origine, de faire un pas de côté, de se décentrer, de prendre le temps de réfléchir…

Jésus a rassemblé une communauté. Cela n'est pas seulement un fait, c'est un projet. Cette première communauté rassemble ceux qui deviendront les pères et mères de l'Église. Disciples de Jésus, devenus ses frères et ses sœurs, ils feront entrer dans la nouvelle Alliance ceux qui, à l'écoute de leur témoignage, deviendront avec eux, à leur tour, en tout lieu, en tout temps, disciples et frères et sœurs de Jésus.

Le projet de la nouvelle Alliance n'est pas une invention de Jésus. Il n'a pas eu à en définir le contenu. La nouvelle Alliance est une promesse prophétique :

---

1. Antoine Guggenheim est curé de Notre-Dame d'Espérance (Paris) et responsable scientifique de l'association UP for Humanness, une association qui dynamise les relations entre les acteurs de la cité pour un monde plus solidaire.

> Voici venir des jours – oracle du Seigneur – où je conclurai avec la maison d'Israël et avec la maison de Juda une alliance nouvelle. Ce ne sera pas comme l'alliance que j'ai conclue avec leurs pères, le jour où je les ai pris par la main pour les faire sortir du pays d'Égypte : mon alliance, c'est eux qui l'ont rompue, alors que moi, j'étais leur maître – oracle du Seigneur. Mais voici quelle sera l'alliance que je conclurai avec la maison d'Israël quand ces jours-là seront passés – oracle du Seigneur. Je mettrai ma Loi au plus profond d'eux-mêmes ; je l'inscrirai sur leur cœur. Je serai leur Dieu, et ils seront mon peuple. Ils n'auront plus à instruire chacun son compagnon, ni chacun son frère en disant : « Apprends à connaître le Seigneur ! » Car tous me connaîtront, des plus petits jusqu'aux plus grands – oracle du Seigneur. Je pardonnerai leurs fautes, je ne me rappellerai plus leurs péchés.

Dans la Bible juive, le syntagme « nouvelle alliance » (*haberit hahadacha*) est rare. À vrai dire, on ne le rencontre qu'une seule fois dans ce texte de Jérémie. La secte de Qumran en fait un grand usage. L'exégèse juive traditionnelle juge que ce qui est essentiel n'a pas besoin d'être répété souvent. Un de ses plus grands interprètes juifs du Moyen Âge, Rachi de Troyes (1040-1105), reprenant une tradition ancienne et autorisée du début de l'ère commune, définira la nouvelle Alliance comme l'accomplissement eschatologique de la première alliance quand Dieu sera pour toujours avec nous[1].

Dans les Évangiles, le syntagme « nouvelle alliance » (*hè kainè diathèkè*) est rare. À vrai dire, on ne le rencontre qu'une seule fois, dans le récit de Luc, mais en un moment essentiel : Jésus parlant du sens de sa mort lors de son dernier *seder* pascal : « Cette coupe est la nouvelle alliance en mon sang répandu pour vous. » Paul, en 51 déjà, déclare avoir reçu cette tradition de la communauté primitive[2].

---

1. Cf. Pierre Lenhardt, *À l'écoute d'Israël en Église*, tome 2, Parole et Silence, Les Plans-sur-Bex, 2009, p. 128-134.
2. Cf. Lc 22, 20 ; 1 Co 11, 25.

D'où vient la reprise de cette prophétie à ce moment-là? Pourquoi a-t-elle pris une telle importance dans la manière dont nous vivons et comprenons la vie chrétienne – au point que nous appelons nos Écritures, les Écritures de la nouvelle Alliance? À vrai dire, nous ne savons pas si Jésus employa la formule. Matthieu et sa communauté judéo-chrétienne palestinienne parlent au même endroit du « sang de l'alliance », sans adjectif[1], mettant le geste de Jésus en continuité immédiate, par-delà les siècles, avec le récit de la conclusion de l'alliance par Moïse au Sinaï[2]. S'il s'agit d'une interprétation des disciples relisant le ministère de Jésus à la lumière des Écritures comme il leur a enseigné à le faire (Jérémie et Exode), cette invention est très ancienne puisque Paul dit la recevoir. Nouveauté et continuité sont les deux faces du ministère de Jésus – fidèle en cela aussi à la tradition d'Israël – qui doivent toujours nous inspirer[3]. « Esprits sans intelligence! Comme votre cœur est lent à croire tout ce que les prophètes ont dit! Et, partant de Moïse et de tous les prophètes, il leur interpréta, dans toute l'Écriture, ce qui le concernait » (Lc 24, 25-27).

Le royaume de Dieu, dont Jésus proclame qu'il s'est approché[4], n'est peut-être qu'une autre manière d'annoncer l'inauguration de la nouvelle Alliance. Il s'agit donc de se convertir pour y entrer maintenant, car il est déjà présent « au milieu de vous » et même « en vous »[5]. La Lettre aux Hébreux médite le ministère de Jésus à la lumière de la promesse et de l'expérience de la nouvelle Alliance. On y trouve la plus longue citation du Premier Testament de tout le Nouveau Testament: la

1. Cf. Mt 26, 28.
2. Cf. Ex 24, 8.
3. D'ailleurs la liturgie actuelle ne choisit pas entre ces références et en ajoute même une troisième, très éclairante, empruntée à Isaïe 55, 3: « Je m'engagerai envers vous par une alliance *éternelle.* »
4. Cf. Mt 3, 2.
5. Cf. Lc 17, 21.

prophétie de Jérémie 31[1]. L'auteur décrit avec précision la vie de la communauté des disciples à la lumière de cette prophétie :

> Or quand le pardon est accordé, on n'offre plus le sacrifice pour le péché. Frères, c'est avec assurance que nous pouvons entrer dans le véritable sanctuaire grâce au sang de Jésus : nous avons là un chemin nouveau et vivant qu'il a inauguré en franchissant le rideau du Sanctuaire ; or, ce rideau est sa chair. Et nous avons le prêtre par excellence, celui qui est établi sur la maison de Dieu. Avançons-nous donc vers Dieu avec un cœur sincère et dans la plénitude de la foi, le cœur purifié de ce qui souille notre conscience, le corps lavé par une eau pure. Continuons sans fléchir d'affirmer notre espérance, car il est fidèle, celui qui a promis. Soyons attentifs les uns aux autres pour nous stimuler à vivre dans l'amour et à bien agir. Ne délaissons pas nos assemblées, comme certains en ont pris l'habitude, mais encourageons-nous, d'autant plus que vous voyez s'approcher le Jour du Seigneur (He 10, 18-25).

Tous différents, tous précieux

Que pouvons-nous en conclure sur l'art de faire communauté au temps et sous le régime de la nouvelle Alliance ? D'une part ce qui caractérise le temps de la nouvelle Alliance, c'est la transformation universelle des cœurs par la connaissance de Dieu : « Ils n'auront plus à instruire chacun son compagnon, ni chacun son frère, [...] car tous me connaîtront, des plus petits jusqu'aux plus grands – oracle du Seigneur. Je pardonnerai leurs fautes, je ne me rappellerai plus leurs péchés » (Jr 31, 33-34). Ézéchiel parle de la même réalité quand il promet le don de l'Esprit qui ôte le cœur de pierre et donne un cœur de chair[2]. Il ne s'agit pas d'une transformation individuelle, mais d'une

1. Cf. He 8-10.
2. Cf. Ez 36, 25-28.

rénovation de la manière de faire peuple et d'habiter la terre. La nouvelle Alliance est un temps et un don de liberté, la liberté que donne l'Esprit et qui témoigne de Lui. La responsabilité d'une communauté de la nouvelle Alliance est donc d'abord de ne pas éteindre l'Esprit qui lui est donné pour en vivre, comme Paul l'écrit dans le plus ancien texte du Nouveau Testament : « N'éteignez pas l'Esprit, ne méprisez pas les prophéties, mais discernez la valeur de toute chose : ce qui est bien, gardez-le ; éloignez-vous de toute espèce de mal » (1 Th 5, 19-22).

D'autre part, le don de la nouvelle Alliance est indissociable de l'Eucharistie de Jésus, c'est-à-dire du seul rite qu'il laisse à ses disciples pour qu'ils célèbrent le pardon offert, qu'ils fassent corps avec Lui et hâtent ensemble la venue plénière du Royaume. Il n'est de liberté que dans la responsabilité pour autrui, pour le corps. Si Paul a choisi le mot « Église » pour désigner le rassemblement des disciples, c'est sans doute en raison de sa signification grecque d'assemblée d'hommes libres et de sa signification juive d'assemblée liturgique, mais aussi pour rappeler que les disciples n'ont en commun que leur appel – *ekklèsia* vient du verbe *kalein*, appeler. L'Église est plus qu'une communauté. Le mot communauté évoque d'abord ce que nous avons en commun – et qui nous met à part des autres. Église évoque d'abord la diversité de ceux que Dieu rassemble gratuitement et librement – personnes et communautés. Dans l'Église, l'unité est au service de la diversité des personnes et des communautés. Les disciples et les communautés sont Un en Celui qui les appelle pour que tous et chacun deviennent précieux à tous et à chacun. Aucune expérience, aucune quête spirituelle, aucune personne, aucune communauté que le Christ appelle n'est le tout, aucune n'est de trop. La responsabilité de tous, en particulier des ministres, est qu'aucun appel ne se perde, mais que tous aient part aux dons de l'Esprit « dont la joie secrète sera toujours d'établir la communion et de rétablir la ressemblance en jouant avec les différences », comme le dit le bienheureux Christian de Chergé dans son *Testament spirituel.*

C'est le sens du repas du Seigneur, où se partagent la parole et le pain qui rassemblent la famille Église, de le manifester. Dans la nouvelle Alliance, l'Esprit se fait communion.

Envoi

Une Église en recherche

PAR MGR ALBERT ROUET
ARCHEVÊQUE ÉMÉRITE DE POITIERS

PEUT-on parler de l'Église sans convoquer du pouvoir ? Pouvoir d'une institution établie, forte d'avoir traversé périls, décadences et reprises ; pouvoir d'un docte savoir reconnu par ses pairs ; pouvoir des rêves et des espérances, des désillusions aussi… Tant d'images commandent à la réflexion. Il faudrait en parler humblement, comme on tient dans sa paume un grain de sénevé. Pourtant, nous dit Matthieu, il est semé *en plein champ*, au risque des épines et des animaux.

Quand Jésus envoie ses disciples, le récit est bien connu, il leur demande de partir sans bagages ni provisions. On fait de belles homélies sur ce dénuement – la quête augmente ! – oubliant que la majorité des voyageurs s'en allaient sans rien. Il y a autre chose que l'on remarque moins : si les disciples se présentent avec l'assurance de posséder toute la vérité et le penchant des certitudes, ils coucheront dehors, parce que personne ne les accueillera. Il leur faut d'abord se faire accepter et se rendre aimables. Ils sont réduits à l'humanité la plus nue, radicale et primitive : celle de recevoir d'un frère humain un verre d'eau, un quignon de pain et un coin pour dormir. Leur premier geste n'est pas de prêcher, mais bien de partager avec des inconnus la commune condition de l'homme. Il n'y aura peut-être, pour cette incarnation, qu'une étable…

Je rêve d'une Église en recherche, qui sollicite une fraternité comme l'aumône première de la reconnaissance. Une quête continue d'un champ où s'enfouir, avec tous les risques du grand vent. Cette Église a sur le dos un lourd passé, de splendeur et d'orage. Elle ne peut l'effacer, mais elle peut aussi le partager avec la mémoire, tumultueuse ou paisible, de ceux qu'elle rencontre. L'histoire n'avance pas en ligne droite.

*

Pourquoi ce rêve reste-t-il impuissant ? Il paraît offrir une poésie touchante mais inefficace, sauf à faire des déçus. Le danger du rêve tient en ce que, ne s'imposant pas de limite, il ne fournit pas d'échelle pour appréhender le réel. Ainsi, quand on parle d'Église, on envisage sa totalité, on considère l'ensemble. Hier, la perception d'être majoritaire et, davantage encore, le sentiment global d'être pris dans un sacré religieux largement accepté, donnaient conscience d'appartenir à un corps. On pouvait aisément, dans le gouvernement d'un diocèse, dans un cours de théologie, jusque dans la catéchèse, aborder la question de l'Église en général.

Ce n'est plus le cas aujourd'hui où le sentiment d'appartenance a muté. Dans la société, les corps intermédiaires ont faibli, les informations internationales écrasent les auditeurs. L'individu se retrouve seul face à l'administration de l'État. Il a donc tendance à se replier sur des relations courtes, à sa mesure. Comme toutes les institutions, l'Église ressent ces réactions. Les mêmes diocèses ont agrandi la taille des paroisses et, en même temps, pour en compenser l'anonymat, multiplié les rassemblements diocésains pour maintenir la conscience d'une même appartenance.

Quand la société civile centralise, il faut que l'Église décentralise, c'est-à-dire qu'elle se regroupe par petites unités à échelle humaine, diversifiées, pas obligatoirement territoriales. Donc de petits ensembles multiples à l'intérieur desquels on puisse au moins connaître son frère. C'est-à-dire rejoindre l'homme concret et non le citoyen, le fidèle ou le partisan.

*

Pour indispensables qu'elles soient, ces communautés (au sens de « porter ensemble la même responsabilité ») soulèvent deux problèmes. Le premier concerne, en leur sein, l'exercice du pouvoir. Dans celui-ci se glisse souvent un désir inconscient de revanche, pour surmonter un sentiment d'infériorité, pour effacer des déconvenues, pour affirmer une perspective… Le pouvoir a toujours besoin d'être purifié. Il ne lui suffit pas d'être juridiquement institué, car cette objectivité statutaire se retrouve, en christianisme, face à une réalité fondatrice et incontournable : celle du baptême.

À partir de l'analogie avec le fonctionnement si inégalitaire des cités grecques, Paul affirme que, dans le Christ, tout baptisé, juif, grec, esclave, homme ou femme, devient un *homme libre*. À ce titre, il a le droit et le devoir de participer à la vie et à la prise de décision qui concernent sa communauté. Il jouit de la capacité du droit de citoyenneté, ce *politeuma* dont parle l'Épître aux Éphésiens. Il en découle, depuis saint Augustin et le concile Vatican II, que le plus petit des chrétiens peut exprimer ce que *l'Esprit dit aux Églises*. Il en résulte aussi que le *sens de la foi* des fidèles perçoit comment l'Église peut présenter l'Évangile à ses contemporains. Le mystère de l'Église dont parle Vatican II, au sens d'une source inépuisable de vie évangélique, rejoint ici le mystère profond de chaque personne. Le pouvoir devient alors la capacité objective de faire grandir chacun vers sa *taille adulte*. Il est autorité, donc service.

Le second problème posé par les communautés concerne les relations, c'est-à-dire la communion. Des communautés juxtaposées formeraient un archipel, non pas ce *corps* dont parle saint Paul. La reconnaissance réciproque, dans le temps et dans l'espace, appartient à la nature même de la communion. Une communauté n'est pas un groupe indépendant, si chaleureux soit-il. Par le Christ avec qui elle fait un, elle se rattache à un Père qui est *Notre Père*, donc aussi celui des autres quels qu'ils soient.

Établir des relations, créer de la communion, ne découle ni de la volonté de puissance ni de l'art de la diplomatie. Quand les écrits pauliniens décrivent le corps, ils parlent évidemment des différents organes dont chacun fournit à l'ensemble son apport indispensable : « L'Esprit donne à chacun des dons pour le bien de tous. » Ils mentionnent aussi les *articulations*, jointures et ligaments qui unissent ces organes divers en un seul corps. Ces jointures ne font pas nombre avec les organes, elles ne leur sont pas concurrentes. Plus les muscles sont forts et plus les articulations doivent devenir solides, sinon c'est l'ankylose ou le délitement.

Dans cette conception, la tête cherche moins à commander qu'à harmoniser. Elle unit et coordonne plus qu'elle ne décide seule. Le sens de « tête » qui contrôle et maîtrise n'apparaît qu'au IIe siècle avec Gallien, un païen. Mais c'est au sens paulinien que les ministères ordonnés servent la communion. Quel que soit leur mode de désignation, ils sont ceux que la communauté ne produit pas. Elle les reçoit d'ailleurs, en signe de l'Autre et des autres. Ils empêchent la communauté de sombrer dans l'illusion de tout avoir, de tout pouvoir, donc de se satisfaire d'elle-même.

*

Apparemment, cette conception paulinienne, reprise par Vatican II, rencontre aujourd'hui bien des difficultés. Pourquoi ? Parce que nous arrivons à la fin d'une histoire, celle de structures et du fonctionnement qui les accompagne. De quoi s'agit-il ?

Résumons d'un mot : dans l'Antiquité, l'approche de l'Église s'effectuait dans un cadre symbolique (ou sacramentel) : le tout existe et se manifeste dans le petit. Prenons un exemple : à la messe, vous êtes dix ou dix mille. Il n'y a pas plus ou moins de présence du Christ. Il ne se donne pas au pourcentage de l'assistance. De même, toute l'Église est présente en chaque Église locale. Chacune est le symbole, le sacrement, de l'Évangile entier.

La constitution progressive de la « chrétienté » (ou de ce qu'on appelle ainsi) a établi peu à peu une représentation de l'Église par découpage territorial de plus en plus fin, avec une hiérarchie des circonscriptions, selon une administration féodale. Un territoire autour d'un seul chef, centré sur lui, vers qui tout remonte et qui décide seul en dernier ressort. Voyez les titres (« monseigneur »), les ornements (blason, devise), les gestes (la promesse cléricale pendant une ordination reproduit le geste de vassalité)... Dans cette structure fortement centripète, le curé détient un « bénéfice » dont il est le seul chef, au sens de seigneur. Dans le large cadre d'éviter les fautes graves, il fait ce qu'il veut et n'a pas de comptes à rendre.

Dans une telle structure faite par des clercs pour des clercs, le seul pouvoir réel est celui des clercs. Il est impossible qu'il y ait d'autre pouvoir. Les laïcs peuvent aider, seconder, assister mais non décider. La structure n'est pas prévue pour cela. Si l'on veut vraiment une responsabilité différenciée (comme les organes et les jointures), il faut changer de structure. Ajoutons que si le vieux fonctionnement désavantage les laïcs, il obère gravement les ministères ordonnés : il pèse sur eux et parfois les écrase ; il excite les revendications autoritaires de leur identité ou pousse à la dépression. On ne laisse en effet le choix qu'entre s'imposer ou laisser faire.

Il est un autre dysfonctionnement de ce système centralisé. Il se croit fortement rassemblé autour d'une tête unique. Cette uniformité se montre en réalité extrêmement sensible aux influences cachées, aux opinions inexprimées dont le caractère tacite imprègne les courants et les options de la majorité. En clair, cette uniformité est mitée par les exclusions qu'elle sécrète. Elle fabrique ses propres chasses aux sorcières afin de se persuader de sa pureté et de sa légitimité. Alors le cercle se referme, le piège de la « bien-pensance » devient grille de lecture de l'Évangile. L'Épître de Jacques en analyse le redoutable surgissement à partir du poids des riches négociants sur une communauté fort diverse.

*

La difficulté la plus grande ne questionne pas le Moyen Âge : ce serait un anachronisme. Elle interroge sur le fait que, si nos anciens ont su adapter un modèle d'Église à une société, à leur culture et à leurs mentalités, nous laissions, nous, perdurer un modèle qui ne correspond plus à notre époque. Partout, dans la société, un homme ou une femme occupent des postes de responsabilités. Dans l'Église, ils restent des subalternes, parce qu'elle demeure tributaire d'antiques distinctions entre les notables et les gens ordinaires, les enseignants et les enseignés. Dans saint Jean, le pasteur fait sortir son troupeau des vieilles constructions et le laisse *aller et venir*. Au Moyen Âge, beaucoup d'institutions religieuses ont été voulues et soutenues par des seigneurs laïcs. Ces riches bienfaiteurs n'existent plus – sauf pour quelques chapelles qui partagent leurs intérêts. Alors que faire, pour que le rêve se réalise ?

Il faut partir d'en bas. Les communautés qui ont tout ne pensent qu'à garder. La pauvreté est le lieu de l'espérance, celui de la création. L'histoire avance par les marges. C'est donc par cette fraternité première dont il fut question qu'il faut commencer. Autrement dit par la solidarité avec ceux qui sont des êtres de désir : désir de pain, de logement, de reconnaissance, désir de se donner. Rappelez-vous : quand Jésus demande à ses disciples de devenir comme des enfants, il leur propose en *modèles* ceux que, justement, la société de son temps ne prenait pas pour modèles. Quels sont ceux qui, aujourd'hui, ne sont pas nos modèles ? Au lieu de s'initier à des méthodes de management, voire de marketing, l'Église trouvera son espérance dans ceux que la vie a dépouillés de toute suffisance.

À une condition toutefois: qu'elle leur accorde confiance. Qu'a-t-elle de plus beau à leur donner que cette confiance qu'elle-même a gracieusement reçue? Elle la fait être ce qu'elle est. Dans le Haut Moyen Âge, un auteur spirituel avait avancé que ce qu'on disait de l'Église, on pouvait le dire de chacun. Car, symboliquement, tout baptisé est l'Église. Le Christ n'a-t-il pas *vécu en pauvre*? Telle est son incarnation.

Souvent l'institution est attaquée, non sans raison. Cependant, il faut à un groupe une ossature, comme à un corps son squelette, pour exister. Mais là, il faut distinguer entre l'institué et l'instituant. L'institué contient d'abord ce que Jésus de Nazareth a confié aux siens, puis les présentations et les organisations variables qui deviennent écrasantes quand elles se montrent inadaptées.

Il reste l'instituant, cette capacité d'analyse, de décision et de création. Il faut juste assez de confiance dans les humbles pour le vouloir. Pour que chacun le veuille. Alors l'Église, loin de se préoccuper d'elle-même, s'attachera à donner un signe d'espérance.

ANNEXE

Brève histoire du Centre pastoral Saint-Merry

La fondation et la coresponsabilité

1975 : lettre de mission de Mgr Marty à Xavier de Chalendar

L'archevêque de Paris, Mgr François Marty, confie à Xavier de Chalendar une mission d'exploration pour créer un projet pastoral englobant les quatre paroisses centrales de Saint-Merry, Saint-Gervais, Saint-Leu-Saint-Gilles et Saint-Eustache, à l'occasion du grand bouleversement des Halles et de la création de Beaubourg (qui sera inauguré en février 1977), et alors que l'hyper centre de Paris se vide de ses habitants mais se remplit de passants. Xavier, au terme de son étude, propose de ne se charger que de Saint-Merry (d'où le déploiement d'autres projets sur les trois autres lieux, comme les Fraternités Monastiques de Jérusalem fondées à Saint-Gervais).

Fondation du Centre pastoral Halles-Beaubourg (CPHB) pour « inventer des modes nouveaux pour l'Église de demain » (en coexistence avec la paroisse géographique). Début d'une équipe pastorale prêtres-laïcs (cooptés par Xavier pour la première équipe), avec également Jean-Claude Thomas et Alain de La Morandais comme prêtres, auxquels succèdera quelques années plus tard Jean Courtès-Lapeyrat. Les prêtres sont nommés par l'archevêque de Paris, et les laïcs élus – sans lettre de mission de l'évêque, puisque leur légitimité vient de la communauté. Deux journées d'assemblée générale par an (octobre et juin) rassemblent toute la communauté.

L'accueil et la célébration

Juin 1976 : première AG, lancement de l'accueil dans l'église, de l'Accueil musical et de la messe du dimanche matin

À la réunion hebdomadaire de l'équipe pastorale et à la messe du mercredi soir, s'ajoute la célébration du dimanche à 11 h 15, lieu d'innovation liturgique, qui devient un rassemblement phare pour les membres de la communauté comme pour les sympathisants. C'est une « messe à trois temps » : préparation ouverte à tous le lundi soir, le dimanche liturgie de la Parole autour du « carré » de la nef, puis liturgie eucharistique debout dans le chœur autour d'une longue table festive. L'accueil du passant, central dans le projet du CPHB, s'organise également tous les après-midi, ainsi que l'Accueil musical qui propose des concerts gratuits tous les samedis soir et dimanches après-midi, rassemblant une forte affluence et permettant à des groupes de grande qualité, français ou étrangers, de se produire.

11 mai 1979 : premières élections à l'équipe pastorale, pour remplacer la première équipe cooptée

Les droits de l'homme

26 mars 1977 : vingt-quatre heures de solidarité avec l'Amérique latine

5-12 décembre 1986 : grève de la faim en solidarité avec les grévistes chiliens contre la peine de mort

1990 : prière interreligieuse pour la paix dans le Golfe

29 mai 1999 : prière interreligieuse pour la paix dans les Balkans

5 décembre 2000 : prière interreligieuse pour la paix au Moyen-Orient

C'est durant toutes ces années que Saint-Merry est surnommée dans la presse « la paroisse des droits de l'homme », avec des activités engagées vers l'Europe de l'est et l'Amérique latine, l'accueil de la communauté des Chiliens en exil – ce qui lui vaudra les visites d'Oscar Romero, évêque de San Salvador, en février 1980, puis de dom Helder Camara. Chaque année, la commission partage attribue 5 % du budget du CPHB à du soutien au développement, et établit des liens avec les communautés humaines qui mettent en œuvre les projets aidés.

La solidarité

31 janvier 1981 : table ronde sur le quart-monde avec Joseph Wresinski et Alfred Grosser

1985 : création du groupe chômage

1985 : création des Restaurants du cœur

1985 : création de l'ACPE, association contre la prostitution enfantine

Août 1998 : concert de solidarité SIDA (AIDS International)

1er-10 juin 1999 : accueil du troisième collectif des sans-papiers

2000 : création du Réseau chrétiens immigrés

Décembre 2000 : Sant' Egidio inaugure des soirées de prière le jeudi soir à Saint-Merry, pour quelques années

3 mars 2001 : journée « L'homme debout » à Beaubourg et Saint-Merry, regroupant une vingtaine d'organisations et mouvements et six cents participants

Suite aux évolutions géopolitiques dans le monde et à la dégradation économique en France, les groupes d'activité et de réflexion « droits de l'homme » de la communauté laissent peu à peu la place à des groupes tournés vers la solidarité plus locale : les Restaurants du cœur, créés par Coluche, sont mis en œuvre en 1985 par une équipe issue du CPHB autour de Paul Houdart, l'un des premiers centres de distribution se situant à Saint-Merry. La même année voit la création d'un groupe chômage lié à SNC (Solidarités nouvelles face au chômage) ; plus tard suivront celle d'un groupe logement lié à SNL (Solidarités nouvelles pour le logement), celle du RCI (Réseau chrétiens immigrés) en 2000. Durant plusieurs années auront lieu des journées-colloques puis des soirées sur le thème de « L'Homme debout». Des partenariats se nouent avec le GAIC (Groupe d'amitié islamo-chrétienne). Au-delà de nos frontières, des échanges réguliers avec une association de Gaza permettent notamment d'y financer le développement de jardins d'enfants.

À partir de 2002: accueil de l'association David et Jonathan

Les débats et ateliers de formation
1998: table ronde sur les mutations de la famille
9 juin 2010: Les prêtres, parlons-en…

Des années 1980 jusqu'à aujourd'hui, organisation plusieurs fois par an de débats, colloques, conférences, notamment en partenariat avec *La Vie* ou la Mission de France, sur des thématiques sociétales ou ecclésiologiques. Nombreux ateliers de formation réalisés également en interne avec les prêtres et théologiens de la communauté (Bible, ecclésiologie, art contemporain…).

1987 et 2003: adaptations de la gouvernance, ratifiées par des votes en assemblée générale

1988: nomination d'Antoine Delzant comme premier successeur au fondateur, responsable du CPHB et, de plus, curé de la paroisse géographique, à la demande de l'évêque

Ce double statut sera désormais appliqué à tous ses successeurs. Gérard Wybo succède à Jean Courtès en 1989, avec également le statut de vicaire sur la paroisse.
Les prêtres responsables seront successivement:
- Nicolas Guérin (1995-2004);
- Jacques Mérienne (2004-2015);
- Daniel Duigou (2015-2019);
- Alexandre Denis (2019-2020).

2015: adoption du TOP – «Texte d'orientation pastorale»

La pastorale de l'art

1986-2016 : publication de quatre disques écrits et composés par le groupe chant

Expositions, installations, concerts

C'est surtout sous l'impulsion de Jacques Mérienne que se développe une pastorale de l'art : exposition d'œuvres et d'installations artistiques contemporaines, par de jeunes artistes ou des professionnels plus connus. Organisation de spectacles de théâtre dans l'église. Aux concerts de l'accueil musical s'ajoutent ceux de musique contemporaine.

2005-2020 : Nuit blanche

Saint-Merry participe tous les ans à Nuit blanche avec la mairie de Paris.

2015 : COP21 sur le climat, exposition liée à l'accueil des pèlerins climatiques durant trois jours

2016-2018 : les Nuits sacrées

Avec Daniel Duigou, création de la Nuit sacrée : rencontre musicale et priante interreligieuse.

La dissolution-refondation

Février 2021 : dissolution brutale du Centre pastoral Saint-Merry par l'archevêque Michel Aupetit

Après une extraordinaire célébration d'action de grâce le dimanche 28 février, rassemblant une grande foule de sympathisants, le 1er mars marque la fermeture du centre pastoral, l'arrêt de toute activité dans les murs de Saint-Merry, la fermeture autoritaire du site internet et l'interdiction de célébrer l'eucharistie du dimanche à 11 h 15.

Mars 2021 : création immédiate de Saint-Merry Hors-les-Murs par la communauté

Une pétition de soutien recueille plus de douze mille signatures et l'envoi de centaines de témoignages, de toute la France et de l'étranger. Un comité de pilotage provisoire se met en place, en attendant la première assemblée générale et les élections. Création d'un nouveau site internet, lieu de réflexion et de débats. Organisation de groupes de travail (poursuite d'une partie des anciens engagements, réflexion sur l'ecclésiologie, prospective sur l'avenir…), partage de la Parole sur Zoom le dimanche matin, lancement de conférences en ligne. Parallèlement, demande de l'affectation d'un nouveau local parisien, et d'une nouvelle lettre de mission.

Remerciements

Ce livre est né de la disponibilité et de la compétence de Guy Aurenche, Blandine Ayoub, Bernadette Capit, Élisabeth Descours, André Letowski, Pietro Pisarra, Anne René-Bazin, Claire et Christophe Saconney, Nathalie Thillay. Qu'ils en soient vivement remerciés.

Pour plus d'exhaustivité concernant les témoignages reçus,
on pourra consulter avec profit le site
https://saintmerry-hors-les-murs.com

Table

TROISIÈME PARTIE
UNE ÉGLISE AUX MULTIPLES VISAGES PAR L'ACCUEIL INCONDITIONNEL DES PERSONNES

QUATRIÈME PARTIE
UNE EXPÉRIENCE DE DIEU, SOURCE D'ENGAGEMENTS

CINQUIÈME PARTIE
UNE COMMUNAUTÉ AUX VENTS DU MONDE

SIXIÈME PARTIE
L'ART CONTEMPORAIN : UNE LUMIÈRE VIVE POUR NOTRE FOI

SEPTIÈME PARTIE
EN PARTENARIAT, EN RÉSEAUX, DES CHEMINS DE FRATERNITÉ

HUITIÈME PARTIE
CHERCHEURS DE SENS DANS UNE COMMUNAUTÉ OUVERTE AU SOUFFLE DE L'ESPRIT

ANNEXE

Achevé d'imprimer en octobre 2021
sur les presses de
La Manufacture - Imprimeur – 52200 Langres
Tél. : (33) 325 845 892

N° imprimeur : 210955 - Dépôt légal : octobre 2021
Imprimé en France

CET OUVRAGE A ÉTÉ COMPOSÉ
PAR ATLANT'COMMUNICATION
AU BERNARD (VENDÉE).